人力资源管理实务丛书

RENLIZIYUAN GUANLISHIWUCONGSHU

刘伟 谢万弟 编著

绩效管理实务

“人力资源管理实务丛书”通过完整的案例、逼真的工作情景再现，展示了企业人力资源管理各职能模块的工作流程和制度完善过程，探讨了在实际工作中所遇到的重点、难点问题的解决之道，能帮助人力资源管理者快速、全面、扎实地掌握工作的基本要领。

HR

中国物资出版社

图书在版编目（CIP）数据

绩效管理实务／刘伟，谢万弟编著．—北京：中国物资出版社，2010.6
（人力资源管理实务丛书）

ISBN 978－7－5047－3332－0

Ⅰ．绩…　Ⅱ．①刘…②谢…　Ⅲ．企业管理—人事管理　Ⅳ．F272.92

中国版本图书馆CIP数据核字（2010）第014233号

策划编辑　涂　晟
责任编辑　涂　晟
责任印制　方朋远
责任校对　孙会香　梁　凡

中国物资出版社出版发行
网址：http：//www.clph.cn
社址：北京市西城区月坛北街25号
电话：（010）68589540　邮政编码：100834
全国新华书店经销
北京京都六环印刷厂印刷

开本：710mm×1000mm　1/16　印张：14.25　字数：232千字
2010年6月第1版　2010年6月第1次印刷
书号：ISBN 978－7－5047－3332－0／F·1324
印数：0001—5000册
定价：30.00元

总序

毋庸讳言，当今的国内企业，尤其是中小型企业的管理水平总体偏低。管理的单一性、短视性和随意性屡见不鲜，致使企业发展滞缓、绩效低下甚至生命周期缩短。

那么，其深层次的根源究竟在哪里？只要你具备在几家企业高层工作的经验，那么，毫无悬念，你一定会将最本质的根源指向他们——掌管了企业命运，却不能系统、全面及长远地为企业进行设计并运营的老总。

然而，只要对当今国内企业的老总们作一下粗略的分析，不难发现，绝大多数人的管理背景，不是出于某个业务部的主管，就是出于某个项目的主管，加之国内企业培育体系及用人体系的不完善，使得在位的老总们在客观上不曾或很少获得过整体的、系统的实战机会。即使有不少老总参加了一些诸如MBA之类的研习，但那些案例较之亲身体验，往往显得过于苍白。

于是，国内企业一直在无言地告急！未来企业老总的位置也将显现翘首以待的态势！

那么，谁是未来企业老总的最佳候选人？

我们不妨观察一下，在企业内，谁能够获得整体的、系统的实践机会？不言而喻，是企业的人力资源部门。

人力资源部门除了在客观上具备全方位、系统性的管理实践机会外，还获得了从长远、战略的角度思考及规划工作的机会；获得了参与企业经营绩效目标设计及管理的机会；获得了主导引进、培养并有效配置人才的机会；获得了培育企业文化及提升企业员工价值观的机会。此外，其特有的对企业第一资源予以重视的程度，也是掌舵未来企业的一项极其重要的本能优势。

诚然，如上分析只是基于客体上的因素。究竟有多大比例的 HR（Human Resource）工作者能在未来抓住这样的机会，还取决于其是否能成为一个有志向、有主见，将企业绩效提升作为工作核心开展的 HR 专家。

假使，你是一位有抱负的青年管理者；假使，你是一个有志向的应届大学生，那么，HR 领域应成为你理想的选择。

本书作者之一，是一位具实务工作背景的企业培训经理，他曾深有感触地表示：较之其他工作，人力资源的工作更具创造性。他坦言：在他刚就职于企业 HR 甚至工作了 2～3 年之后，仍然不能自如地面对错综多变的实务工作。那时，多么希望能在书店找到相应的解答，然而，在翻遍了林林总总或深或浅的 HR 专业书籍之后，还是云里雾里，纵使有时非常欣赏书中的某些道理，但又总感觉与工作实务隔着一条很深的鸿沟，难以跨越。

前不久，我受托为一家企业面试绩效部门的经理，进入复试的应聘者一般都拥有 3 年以上的 HR 管理经验。但是，当被问及为什么考核的工作关键时段不在年终而在年初，为什么 360°考核不适合与报酬挂钩，为什么各级主管才是真正的绩效经理，而绩效经理其实只是内部绩效顾问等问题时，却很少有人给出专业性的答案。

曾经，和一位在制药厂当老板的朋友聊天，当问及他新引进的人力资源经理的状况时，他无奈地告诉我如下的故事：他的内行挚友向他推荐了一位厂里正紧缺的市场经理，他对被推荐者过去的业务能力非常欣赏，于是，在出差前让人力资源部办相关手续。人力资源部经理在其走后，却画蛇添足地给那位应聘者做了三页刚从某高校研究所搞来的“外企员工能力测试题”，还因其未能通过标准而踌躇起来，并由此拖延了相关手续的办理，致使那位市场经理还未就职就被别家企业趁机挖走了。而这位HR经理恰恰是那位老板五个月前从某名牌大学招来的尖子研究生。我那药厂朋友哭笑不得地说："人力资源经理竟然放掉了人力资源，那么，我也就不得不放掉人力资源（经理）了。"

如果你是一位在中小企业从事HR工作不久的新经理；如果你是一位在某大中型企业担任HR一个或几个模块工作的新主管；如果你是一位注重案例教学并注重学以致用的大学老师；如果你是一位即将大学毕业并期望从事HR工作的学生，那么，本丛书应成为你的首选。

本丛书的作者都是企业人力资源方面的实战型专家，有着丰富的实战经验，积累了大量的实战案例，在编撰时避免了空泛的说教，并尝试通过对作者及周边的众多实践案例的研究，寻找出普遍性的HR运行规律。

本丛书因注重对HR知识的故事性描述、对实战的直白式剖析而有别于其他人力资源管理书籍；同样，本丛书因导入鲜活的案例、工具性的模板而有别于普通高等院校的教科书。此外，鉴于本丛书的全面性和系统性，又使其区别于一般人力资源的专业书籍。

本丛书与其他管理书籍的另一差异是：不希望读者机械地借鉴甚至照搬书中的一些成功案例。由于环境的不同、背景的差异、团队运营模式的相左、企业文化的区别等，没有理由相信书中的案例一定会原汁原味地适用读者的企业。然而，本丛书提供的大量模板可以为读者提供多角度的思考方向及全方位的操作指南。

本丛书一共五册，具体包括：《招聘管理实务》《培训管理实务》《绩效管理实务》《薪酬管理实务》及《员工关系管理实务》。各分册在具体的编写过程中，基本上都遵循以下几个原则。

一是通过一些完整的案例展示了企业人力资源管理各职能模块的实施流程和制度完善过程。

二是着重探讨了在实际工作中经常会碰到的重点和难点问题的解决方法。

三是通过真实的工作场景再现，力图使读者通过感知联想与体验，掌握人力资源管理工作的基本要领。

最后，希望更多的读者能够从本丛书中获得实实在在的帮助。有什么意见、建议或要求，请与我们联系。

博客地址：http：//wt3355. blog. sohu. com

电子邮箱：xwdpq@ sohu. com

谢万弟

中富投资控股有限公司人力资源及行政总监

2010 年 1 月

前言

一切准备停当，打开计算机，望着还是一片空白的屏幕和不断跳动的光标，我却有些迟疑。因为我要面对的读者是那些即将或刚刚从事绩效管理工作的“新人”，他们热情洋溢且智慧超群。我在考虑，应该怎样才能使他们认识到：作为一个专业的人力资源管理的工作者，要将所在企业的绩效管理工作做好并非一件容易的事情。

做了多年技术管理的我，没想到人到中年之际却改行做起了人力资源管理，这对我来说可谓是一个挑战，但同时也是一个机遇。几年来，我尽最大努力用人力资源管理方面的知识和技能为公司各部门提供着专业的服务支持，为部门经理排忧，为普通员工解难，从而赢得了公司上下的尊重。

然而在体味成功快乐时，我也始终没有忘记刚入行时的艰辛。无从做起的茫然、管理工具的欠缺以及因专业知识、管理经验的不足而产生的不自信，都曾让我在最初的工作开展上焦头烂额。现在回想起来，当时如果有一个经验丰富的老师带一下就好了。所以，我欣然接受了这次编书任务。我愿意把我这些年来积累的经验教训与新入行的同行分享，让他们可以少走些弯路。

几年来，我做过招聘、培训、绩效管理等工作。我个人认为绩效管理是比较难的一项工作。说实话，对员工的考核很难做到精确无误，而当考核的结果要与员工的晋升、奖金发放直接挂钩时，考核工作则变得如履薄冰。但这几年的经验告诉我，只要建立科学的绩效管理体系，并能规范运行，那么绩效管理工作赢得公司绝大多数员工的认可也不难做到。

作为企业绩效管理的入门读本，我在编写过程中希望通过一个完整的案例向大家展示企业绩效管理的实施流程和制度完善过程，并着重探讨了建立KPI（Key Performance Indicators）体系、制订绩效计划，开展绩效辅导、评估、反馈等实际工作中重点和难点的解决之道。希望对新入行者今后的工作有所帮助。

本书参考的资料绝大部分已经在参考文献中列出，还有一部分因难以寻觅出处暂未明示，在此向这些已知和未知的作者一并感谢。

因为是半路入行，虽然几年来勤进补拙，但是自忖对于绩效管理理论和实务的认识仍很肤浅，因此本书难免出现错误和纰漏，还望广大读者批评指正。

刘　伟

2010 年 1 月

目录

目录

目录

目录

目录

目录

目录

第一章

绩效管理概述

新年后的第二周，天宇公司人力资源部经理办公室，赵经理正在看公司去年年底的绩效考核总结报告。绩效主管顾鸣鸣敲门进来："经理，您找我?"

赵经理抬头看了一眼，从桌上拿了一份资料递给她："小顾，这两天把手头的工作安排一下，周五去参加一个培训，绩效考核方面的。"看顾鸣鸣一脸轻松，他用手指点了点桌上的绩效考核总结报告，脸色凝重起来："咱们去年年底，花了大量时间和精力投入到绩效考核工作，结果却很不好，领导不满意，员工的意见也很大。上面让咱们人力资源部好好总结总结，看今年的这项工作怎么开展。这次派你去培训，就是到外面去取经，学习人家的长处，看咱们的问题出在哪儿，你可要认真点啊!"

天宇公司是一家主要从事电子产品生产与销售的制造性企业，成立四年了，随着竞争的加剧，其逐渐认识到人力资源对于企业发展的重要性。为了迅速扩大企业规模，提高经营业绩，公司高层决定首先从加强绩效管理入手，去年让人力资源部制订了一整套绩效考核和激励措施。在年终专门由高层领导和中层干部组成绩效考核领导小组领导开展绩效考核工作，各部门负责人牵头组织本部门绩效考核，相关部门相互协作。

全公司上下投入了大量时间和精力进行年终绩效考核工作，但是实施结果却并不尽如人意：高层管理者觉得最终考核结果没有很好地区分员工业绩的优劣，不能为激励员工和职业发展提供很好的支持和依据；中层管理人员（尤其是职能部门）觉得考核指标量化不够，不容易操作；员工觉得考核结果不能真实全面反映个人工作实绩，不够公平，直接影响了工作态度和情绪。

对于去年的绩效考核情况，顾鸣鸣是非常清楚的。虽然领导没有把责任都推给人力资源部，但身为绩效主管的她，心里比谁都难受。这段时间她也从自己的工作角度找原因，但总是理不出个头绪。如今有这样一个培训机会，自然是要好好珍惜。

周五一大早，顾鸣鸣提前赶到培训所在的酒店，进了会议室，她径直坐到了前排中间。还是上大学那会儿养成的习惯，上课时坐前排，可以保持精力集中，同时也方便和老师交流。培训师已经到了，看上去40岁出头，笔挺的西装，显得很干练。见顾鸣鸣打量他，培训师也微笑示意。

学员们陆续到齐，培训准时开始。培训师先做自我介绍，他姓汪，毕业于国内一所著名高校，在一家国企的管理部门工作5年后，先后去了外企、民企，并完成了在职博士的学习。获得博士学位后，他进了北大心力管理顾问公司从事自己喜爱的咨询工作。

介绍完自己后，汪博士开始让在座的学员做自我介绍，并谈谈自己对本次培训的期望。顾鸣鸣发现学员中来自国企的和民企的居多，多数公司都做过一些简单的考核工作，但效果并不太理想。大家关心的问题都差不多，主要是绩效管理应该怎么做？

第一节 绩效管理是什么

讲课开始后一上来汪博士就问大家："有没有人可以告诉我，绩效管理是什么？和绩效评估是一回事吗？它们的区别在哪？"看大家茫然地摇摇头，汪博士好像意料之中，笑笑说："我们先来看个案例……"

临近年底了，某公司销售部李经理忙得焦头烂额。看着墙上那张《年度销售统计表》直犯愁，最后这一个季度销量下滑得厉害，一直找不着原因。连部门的销售明星上个月都没完成任务。这样下去，别说超额了，连年初制定的目标都难达到。这时电话响了，是人力资源部那边催他们部门赶快把绩效考核结果报过去。

放下电话，李经理就开始抱怨："这不是越忙越添乱吗？搞什么绩效管理啊，填这么多表格，得花多少时间，我们哪还有精力去抓市场，销量怎么可能上得去啊？"

怨归怨，工作还得做。李经理从文件夹里找到员工考核表，这是年初发的，李经理连看都没看过。他转发给部门里每位员工，要求他们尽快完成自

评工作。他自己则根据员工一年来的总体表现，利用排序法将所有员工进行了排序。排序是项非常伤脑筋的工作，时间过去那么久了，很多都记不清了。不过，好在公司没有什么特别的比例控制，特别好与特别差，自己还是可以把握的。很快大家就把表格填完了。去人力资源部交表格时，李经理和他们开了句玩笑："下次别整得这么复杂，浪费时间，没啥用。"

这个案例中的情境，估计大家都不陌生，在许多公司里，都上演过类似的一幕。在各部门经理的眼里，绩效管理就是在年底的时候对员工做一个整体的绩效评估，把人力资源部的考核表一填一交，就算万事大吉了。尽管案例中李经理的部门也出现了绩效问题，销售业绩下滑，连销售明星都没完成任务，但他根本就没去想，是不是绩效管理出了问题。

案例看完后，汪博士让大家讨论两个问题：

1. 绩效管理是否有用?

2. 绩效管理和绩效评估是不是一回事?

讨论很热烈，因为这两个问题在平时的工作中确实争议很大。渐渐地，大家形成了共识，汪博士把大家的观点归纳，并作了总结。

绩效管理并非无用

并非如李经理所说的"绩效管理没啥用"，绩效管理用处大着呢。

第一，使员工清楚企业的愿景和目标，明白团队运作的程序、方法和期望值，知道自己努力的方向，以及应该努力的程度。

第二，员工看到管理者为其设定的高标准和挑战性目标，就会激发其热情和奋进的斗志。

第三，使员工清楚自己在团队中的责任，充分发挥其主观能动性的促进作用。

第四，客观、全面、有依据地评价员工，使奖励分配与实际工作绩效挂钩，从而提高员工工作积极性。

因此无论是对企业来说，还是对管理人员或员工来说，绩效管理都起到了重要的作用。

绩效管理≠绩效评估

通常很多企业都错误地以为绩效管理就是绩效评估，企业做了绩效评估表，量化了评估指标，年终实施了评估，就是做了绩效管理。这种错误的做法，忽略了绩效管理中极为重要的目标制订、沟通管理、绩效反馈等过程，忽略了绩效管理中需要掌握和使用的技巧与技能，在实施绩效管理中遇到了很多的困难和障碍，企业的绩效管理的水平也处于低层次徘徊。

绩效管理与绩效评估是不同的两个概念（如下表所示）。绩效管理是指将企业的远景、战略目标分解到组织和个体，并通过计划、辅导、评估和激励等环节来实现，其注重的是员工未来绩效的改善和提高，从而有助于推动组织战略目标的实现。而绩效评估是指对企业员工过去一定时期内的工作表现和工作成果给予考核和评判，其着眼点是对员工过去绩效的总结。从这两个概念上来看，二者的着眼点和概念的外延是不相同的，绩效评估只是绩效管理过程中的一个重要环节，绩效管理功能的正常发挥还需要其他几个环节的有效“辅助”。

绩效管理与绩效评估的区别

绩效管理	绩效评估
一个完整的管理过程 侧重于信息沟通与绩效提升 伴随管理活动的全过程 事先的沟通与承诺	管理过程中的局部环节和手段 侧重于判断和评估 只出现在特定的时期 事后的评估

讲到这里，汪博士抛给大家第二个问题：“有谁知道，一个完整的绩效管理包括哪些环节？”前排一位戴眼镜的女孩说：“我看书上写的是四个——计划、实施、评估、反馈。”汪博士笑着点点头，说：“还有人补充吗？”顾鸣鸣想了想，反问汪博士：“我们对绩效结果的处理算不算，比如说怎么和薪酬挂

钩、和培训结合的问题?”汪博士笑着说:“当然算,这是很重要的一个环节——绩效结果的应用。”随后他打开一张流程表,讲了起来……

第二节　绩效管理流程

绩效管理是一个完整的系统,包括绩效计划、绩效实施、绩效评估、绩效反馈和绩效改进五个环节。要做好绩效管理,离开这五个环节中的任何一个都不行,因而,我们称之为绩效管理五步流程。通过一张流程图(如下图所示),我们可以清晰地看到绩效管理系统中五个环节之间的紧密关联。

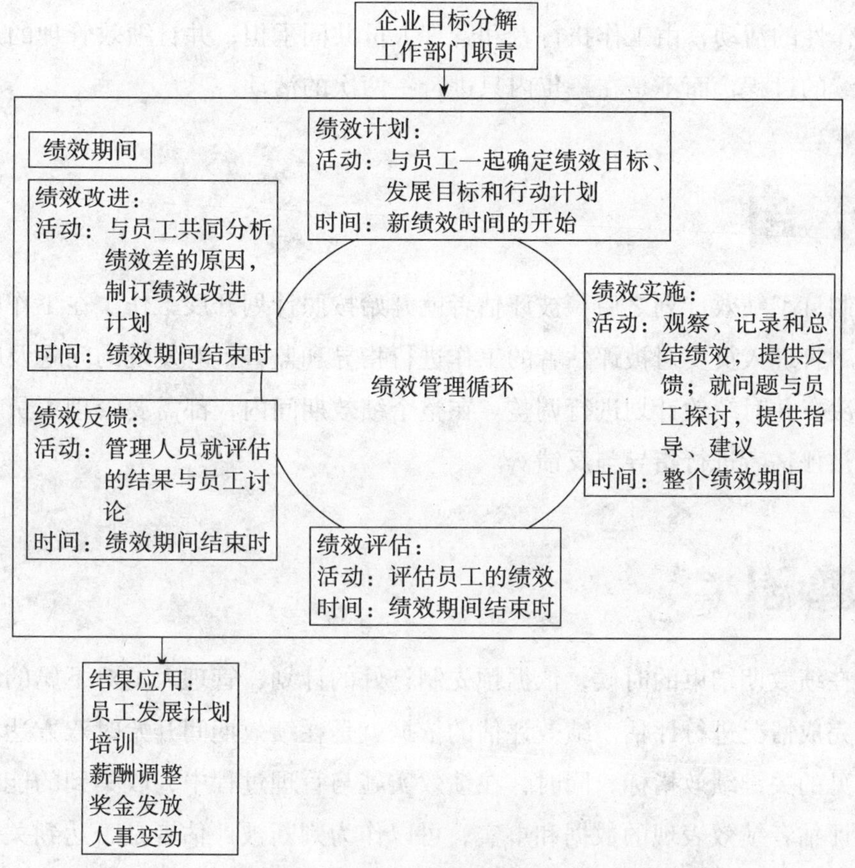

绩效管理流程图

接下来，我们看看每个环节的主要任务是什么。

绩效计划

绩效计划是绩效管理流程中的第一个环节，发生在新的绩效期间的开始。制订绩效计划的主要依据是工作目标和工作职责。绩效计划并不是在制订后就一成不变，而是随着工作的开展根据实际情况不断调整。在绩效计划阶段，管理人员和被管理人员之间需要在对被管理人员绩效的期望问题上达成共识。在共识的基础上，被管理人员对自己完成工作目标做出承诺。管理人员和被管理人员共同的投入和参与是进行绩效管理的基础。绩效管理是一项协作性的活动，由工作执行者和管理人员共同承担，并且绩效管理的过程是连续的过程，而不是在一年内只进行一两次的活动。

绩效实施

制订了绩效计划之后，被评估者就开始按照计划开展工作。在工作的过程中，管理人员要对被评估者的工作进行指导和监督，对发现的问题及时予以解决，并对绩效计划进行调整。在整个绩效期间内，都需要管理人员不断地对被评估者进行指导与反馈。

绩效评估

在绩效期结束的时候，依据预先制订好的计划，管理人员对下属的绩效目标完成情况进行评估。绩效评估的依据就是在绩效期间开始时双方达成一致意见的关键绩效指标，同时，在绩效实施与管理过程中，收集到的能够说明被评估者绩效表现的数据和事实，可以作为判断被评估者是否达到关键绩效指标要求的证据。

绩效反馈

完成绩效评估后，管理人员还需要与下属进行一次面对面的交谈。通过绩效反馈面谈，使下属了解上级管理人员对自己的期望，了解自己的绩效，认识自己有待改进的方面。同时，下属也可以提出自己在完成绩效目标中遇到的困难，请求上级的指导和帮助。

绩效考评完毕后，人力资源部门应该及时地对绩效考评结果进行归档、整理、统计和分析。

统计和分析考评结果时需回答的问题：

◇ 各项结果占总人数的比例是多少？其中优秀人数比例和不合格人数比例各为多少？

◇ 不合格人员的主要不合格原因是什么？是工作态度问题，还是工作能力问题？

◇ 是否出现员工自评和企业考评差距过大的现象？如果出现，主要原因是什么？

◇ 是否有明显的考评误差出现？如果出现，是哪种误差？如何才能预防？

◇ 能胜任工作岗位的员工比率占多少？

绩效改进

作为绩效管理中不可分割的一部分，对绩效结果的应用是非常重要的。绩效评估的结果具有多种用途，首先，绩效评估的结果可用于员工工作绩效和工作技能的提高，通过发现员工在完成工作过程中遇到的困难和工作技能上的差距，制订有针对性的员工发展计划和培训计划；其次，绩效评估的结果可以比较公平地显示出员工对公司作出的贡献的大小，据此可以决定对员工的奖励和薪酬的调整；此外，通过员工的绩效状况，也可以发现员工对现有职位是否适应，并决定相应的人事调整，使员工能够从事更适合自己的职位。

经过上述的5个环节，就经历了一个完整的绩效管理循环。

汪博士又问大家："各位所在公司，都有几个环节啊？""两个。""三个。"突然后排冒出一声："一个也没有，我们公司就没做过绩效管理。"引来一阵哄堂大笑。顾鸣鸣没出声，但她心里想，自己公司何尝不是如此？

第三节 绩效管理的角色分工

汪博士打开一张新的幻灯片，然后对大家说："我再问在座各位一个问题：绩效管理应该由谁来做？"大家面面相觑，有人嘀咕一声："当然是我们人力资源部的人来做啊。"其他人跟着点点头。"非也！"汪博士的手在空中有力地一划，大家不由自主地集中精力听汪博士讲。

谁是绩效管理的真正实施者

各级管理人员才是绩效管理的真正实施者，这是很多企业在实施绩效管理中没有理清的一个问题。过去人们总认为绩效管理是人力资源部门的工作，实际上人力资源部对绩效管理的责任只局限在设计、改进和完善绩效管理体系，向有关部门宣传实施绩效管理体系的意义、方法与要求，督促、帮助各部门贯彻绩效管理制度，培训实施绩效管理的人员，协助收集反馈信息（包括存在的问题与建议），记录和积累有关资料，提出改进措施和方案，根据评估结果制订人力资源开发计划和进行相应的人力资源管理决策等方面。而各部门经理才是实施的主体，起着桥梁的作用，上对公司的绩效管理体系负责，下对下属员工的绩效提高负责。如果各部门经理不能转变观念，

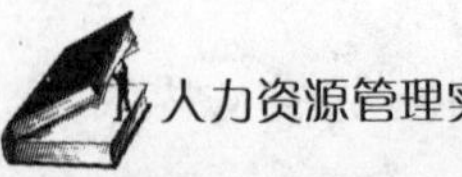

不能很好地理解和执行，再好的绩效体系和绩效政策都难以实施和执行。

所以，在实施绩效管理之前，首先要团结各部门经理，统一他们的思想，使之真正发挥绩效管理人员的角色，承担自己应该承担的责任，做自己应该做的工作，让各部门经理真正动起来。我们说“要做好绩效管理，就必须将各部门经理拉下水”。只有各部门经理真正按自己的分工行动起来了，绩效管理才能按预想的方向前进，得到有效实施。

“那么，绩效管理中，各部门经理应该扮演哪几个角色，做好哪些工作?”汪博士又将一个问题抛向大家，看着大家发愣，汪博士转身在白板上写了一组词：

标准制订者

辅导者

记录者

评估者

建议者

◉ 标准制订者

在绩效考核开始之前，制订考核指标和指标标准是前提。通过制订合理的考核指标以及指标标准，一方面可以将公司的战略目标充分细分到每一个岗位上；另一方面，确定考核指标及指标标准可以让员工明确自己的工作重点及工作目标，从而更好地完成目标。

公司人力资源部或者更高的绩效考核决策机构，根据公司的战略目标以及公司各岗位的职责，可以确定每个岗位的绩效考核指标。同时可以根据公司战略目标来制订指导性的考核指标标准。但是，决策层制订的考核指标标准不一定是合理的，需要部门经理和员工进行沟通，根据实际情况，结合公司战略目标来最终确定。通过沟通确定的考核指标标准，可以让员工更加深刻地了解公司的战略目标，更加明确工作重点，同时也可以大大降低员工的抵触情绪，提高公司的士气，增强公司绩效管理的有效性。

鉴于这个前提，部门经理就有责任、有义务与员工就工作任务、绩效目标等前瞻性的问题提前进行沟通，在双方充分理解和认同公司远景规划与战略目标的基础上，对公司的年度经营目标进行分解，结合员工的职务说明书与特点，共同制订员工的年度绩效目标。帮助员工，与员工一起为其制订绩效目标已不再是一种额外的负担，也不是浪费时间的活动，而是部门经理的自愿。因为部门经理与员工是绩效合作伙伴，为员工制订绩效目标就是部门经理为自己制订绩效目标，对员工负责，同时也是部门经理对自己负责。通过这些工作，部门经理与员工达成一致目标，更加有利于员工有的放矢地工作，更加有利于自己的管理，为后续的绩效管理开一个好头。

◉ **辅导者**

绩效目标制订以后，部门经理要做的工作就是如何帮助员工实现目标。在员工实现目标的过程中，部门经理应做好辅导员，与员工保持及时、真诚的沟通，持续不断地帮助员工提升业绩。业绩辅导的过程就是部门经理管理的过程，在这个过程中，沟通是至关重要的。

由于市场环境的千变万化，企业的经营方针、经营策略也会出现不可预料的调整，随之变化的是员工绩效目标的调整。所有的这些都需要部门经理与员工一起努力，部门经理帮助员工改进业绩、提升水平。这个时候，部门经理就要发挥自己的作用和影响力，努力帮助员工排除障碍，提供帮助，与员工做好沟通，不断辅导员工改进和提高业绩，帮助员工获得完成工作所必需的知识、经验和技能，使绩效目标朝积极的方向发展。

需要注意的是，沟通不是仅仅发生在开始，也不仅仅是在结束时，而是贯穿绩效管理的整个始终，需要持续不断地进行。因此，业绩的辅导也是贯穿整个绩效目标达成的始终。这对部门经理来说，可能是一个挑战，可能不太愿意做，但习惯成自然。帮助下属改进业绩应是现代部门经理的必备修养和职业道德。当然它更是一种责任，一个优秀的部门经理首先是一个负责任的人。

◉ 记录者

绩效管理的一个很重要的原则就是没有意外，即在年终考核时，部门经理与员工不应该对一些问题的看法和判断出现意外。一切都应是顺理成章的，部门经理与员工对绩效考核的结果的看法应该是一致的。

争议是令部门经理比较头疼的一个问题，也是许多部门经理回避绩效、回避评估与反馈的一个重要原因。为什么会出现争议？因为缺乏有说服力的真凭实据。试问，不作记录，有哪一个部门经理可以清楚说出一个员工一年总共缺勤多少次，都是在哪一天，什么原因造成的？恐怕没有。因为没有，员工才敢于理直气壮地和你争论。为了避免这种情况的出现，为了使绩效管理变得更加自然和谐，部门经理有必要花点时间，花点心思，认真当好记录员，记录下有关员工绩效表现的细节，形成绩效管理的文档，以作为年终考核的依据，确保绩效考核有理有据、公平公正，没有意外发生。

作好记录的最好的办法就是走出办公室，到能够观察到员工工作的地方进行观察记录。当然，观察以不影响员工的工作为佳。记录的文档一定是切身观察所得，不能是道听途说，道听途说只能引起更大的争论。这样一个绩效周期下来，部门经理就可以掌握员工的全部资料，做到心中不慌了，评估也更加公平公正。

◉ 评估者

绩效管理中的一个很重要的环节是绩效评估——对员工在一定考核期内的工作业绩、工作能力以及态度方面的信息进行评定，最终得出结论。绩效评估绝对不只是填写绩效考核的表格，而是部门经理和下属之间一个绝好的沟通机会。通过沟通，部门经理才可以最终确定下属的考核结果。

◉ 建议者

在绩效管理体系中，部门经理的建议者的角色是至关重要的一环。部门经理的这个角色的执行到位与否，很大程度上决定了绩效管理的效果。

绩效管理的目的是通过绩效考核来促进公司整体业绩的提升和公司员工业绩与能力的提升。而部门经理在绩效考核结束之后的建议者的角色，可以让员工明确自己的优点和缺点，明确自己需要提高的方向、需要参加的培训、在公司可能的职业发展机会。通过部门经理的建议，员工能够有计划地提升自己的能力，最终使整个公司的业绩得以提升。

转变部门经理观念是实现部门经理在绩效管理过程中的作用的关键。

顾鸣鸣边作笔记边在心里想，去年年底，进行绩效考核评估时，还就这个问题跟销售部的杨经理争执过，杨经理责怪人力资源部把得罪人的工作都推给各部门做。这次回去碰到杨经理，要跟他讲讲这个道理。有老师的讲义作证，不怕杨经理不服。想到杨经理到时候可能会尴尬，顾鸣鸣情不自禁地笑了……

其他人在绩效管理中的责任

“虽然说部门主管在绩效管理中扮演着重要的角色，但不能只是他们在发挥作用，绩效管理是所有人共同的责任。那么其他人在绩效管理中的责任是什么?”说着汪博士又打出几张幻灯片……

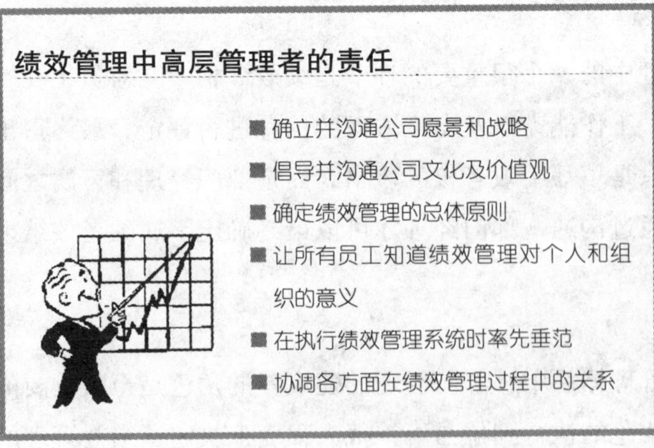

绩效管理中人力资源部的责任

- 开发绩效管理系统
- 提供系统实施的技术培训
- 帮助主管经理解决绩效管理中的操作问题
- 监督和评估绩效管理系统的实施情况，并不断改进系统
- 将绩效管理系统与其他人力资源管理实践联系起来

绩效管理中员工的责任

- 理解自己应该为组织作出怎样的贡献
- 了解组织对自己的期望
- 认识到自己应该在多大程度上满足这些期望
- 不断发展自己的能力以满足组织的期望并适应未来组织发展的要求
- 制订与部门和公司相符合的工作目标和计划
- 主动从主管、同事处寻求绩效反馈

两天的培训过去了，顾鸣鸣觉得收获很多，不仅澄清了自己的一些模糊认识，同时也对自己过去的一些正确做法有了信心。利用业余时间她写了一份培训心得，也算是新的一年的工作思路，交给了自己的顶头上司赵经理。

顾鸣鸣的培训心得内容如下：

今年，我们的绩效管理怎么做

去年的绩效管理工作已经告一段落。回想这一年来的工作，总有几个画面在我脑海中浮现：一位员工愤怒地指责部门经理："为什么给别人打高分，给我打这么低的分，我哪点不如他们？"一个员工拿着考核表边填边说："花这个时间有什么用？反正也是走过场。"一位部门经理冲我不耐烦地嚷

道："这本该是你们人力资源部的事，干吗都让我们来做？"在想过这几个画面之后，我认真地问自己："今年，我们的绩效管理应该怎么做？"

绩效管理是人力资源管理的一个核心内容，我们已经认识到其重要性。从宏观上来讲，我们在朝着正确的方向前进；从微观方面来说，值得我们思考与改进的地方还有很多。

溯本清源，在绩效管理的认识方面，至少有三种观念需要改进。

(1) 绩效管理是人力资源部的事情

公司的部分中层管理人员认为绩效管理是人力资源部的工作，对绩效管理工作仅仅是被动执行。绩效管理工作并不仅仅是人力资源部的工作，而是全公司所有人的工作，人力资源部只是起到组织、监督、指导的作用。

(2) 绩效考核就是为了扣工资

公司不少员工认为，绩效考核就是惩罚，就是公司扣工资的一种手段。这种观念直接影响了绩效管理的开展。于是出现了这样的现象：员工都找自己的主管争考核分，相互攀比，最后每个部门成员的考核分都差不多，考核分差距很小；到后来，员工的神经已经麻木了，有了失误，员工说："不就是扣分扣几块钱吗，爱扣就扣去！"根本起不到考核改进工作和激励的作用。

(3) 考核沟通没有必要，走过场就行

从某种意义上来讲，沟通是管理的本质。同样，绩效沟通在绩效管理中也起着举足轻重的作用，既要解决问题又要维系和改进关系。绩效沟通是保证工作按预期计划进行、及时纠正偏差的保障措施。员工在实施绩效计划的过程中，通过沟通了解其执行情况，加以分析和辅导，可以预先控制导致影响绩效目标达成的因素，排除干扰。但在执行过程中，我们的管理人员认为填《绩效沟通表》是一件多余的事情。

阿基米德曾说：给我一个支点，我将撬起地球。如果能够找到绩效管理的支点，毫无疑问将解决上述局面。我们给绩效管理一个支点：企业提供绩效管理运行的环境，员工解放思想，自觉用绩效管理这个环境达到自我提升。

(1) 从改变管理观念入手，让绩效管理在整体环境中发挥优势

绩效管理的支点就是环境，我们要努力建立一个理想的执行环境，重视每一个细节，落实每一个细节。根据这个思想，我们可以设置指标专人监督的方式，在部门间建立一个沟通的媒介，同时，将指标真正落实在工作过程的每一个细节中。

(2) 从制度化入手，建立一个确保绩效管理运行的基础

为什么有员工觉得绩效管理就是填表，为什么有部门经理应付考核，那是因为大家对我们的制度了解不够，没有了解制度所要达到的目的。只有我们的制度得到执行了，细节得到重视了、落实了，我们的绩效管理才是有意义的评价，要不然，我们的评价永远是量的评价、虚的评价，而忽略了质的评价、过程的评价、细节的评价。

(3) 设计工作方式标准化的流程，明确责任，为绩效管理运行提供条件

在各项工作中只有确定标准，才能不断反馈，实现过程控制，将问题消灭在萌芽阶段。所谓标准，不仅指结果要达到标准，作业的程序、方法也应该有其标准。对于各部门，应该进行工作分析，把岗位的职责、权限规定得非常详细，便于管理人员对工作的过程、方法进行监督、指导和绩效考核；生产部门应该制订劳动定额、工艺流程标准。通过与先进企业的劳动定额、工艺流程的对比，找出差距，实现效率的提高。

(4) 绩效管理不仅是考核，还是管理者提升的工具

绩效考核是绩效管理必不可分的组成部分之一，绩效管理的最根本目的是持续不断地提高组织绩效，使员工的能力和企业的核心能力得到不断提升。绩效考评是对结果的评价，而绩效管理是能使管理者管理水平提升的工具，在不断地发现问题、解决问题中，提高自身素质的同时，也提高了组织绩效。我们的管理者学习并有效地运用这个工具，将绩效考评真正变为绩效管理。

(5) 绩效管理需要广大员工基础

通过培训来推动员工职业化进程，以确保员工的工作和职场表现符合公

司制订的工作程序、方法、要求。通过指导、宣传等方式让员工树立正确的绩效管理观念，了解绩效管理的真正目的是发现问题、提高员工绩效，在帮助员工的同时帮助企业提高绩效。

第二章 绩效管理基础

周二刚一上班，赵经理就把顾鸣鸣叫到办公室。“小顾，你那份培训心得我看了，写得不错，对咱们公司存在的一些问题分析得还是挺到位的。”停顿了一下，他接着说：“咱们今年的绩效管理工作要正规化，你有什么具体想法吗?”

听到经理的表扬，顾鸣鸣很受鼓舞，于是把自己这几天结合培训所考虑的想法一股脑儿说了出来，赵经理很认真地听着，不时地点点头或在笔记本上写几句。

顾鸣鸣兴奋地说完，此时赵经理也露出笑容：“小顾，谈得很好，看来你是动脑筋了。你提到的请外部管理咨询公司，前两天我也和分管咱们的张总谈过，对此公司领导有通盘考虑。目前公司领导的意思是先自己搞。”看顾鸣鸣还有些犹豫，赵经理继续说：“没问题的，咱们可以边学边干，张总也说了公司高层将全力支持咱们的工作。其实，咱们公司的管理基础还是不错的，关键是在具体操作时还缺乏规范化、科学化。这与咱们公司的绩效管理系统不完善、管理者和员工对于绩效管理的认识不到位有很大关系。所以现在给你两个任务，一个是尽快完善公司的绩效管理系统，一个是给部门经理安排绩效管理培训，课嘛就由你来上。”

从赵经理办公室出来，顾鸣鸣有些犯嘀咕：没想到一篇心得体会给自己“惹”来这么两项艰巨的任务。一下子要求规范起来，谈何容易？以前只是到年底让各部门填考核表，他们都嫌麻烦，如今再规范操作，他们会乐意配合吗？一时顾鸣鸣没了方向，不知从何处入手。突然记起培训结束时，汪博士给大家留下了联系方式说有问题可以找他。于是，顾鸣鸣拨通了汪博士的电话，电话那头汪博士很热情，并说刚好下午有半天空，可以和她见面聊，还可以给她一些参考资料。吃过午饭，顾鸣鸣赶到北大心力管理顾问公司，汪博士已经在办公室等她。

顾鸣鸣简要地谈了公司目前的管理现状和领导给自己布置的两项工作任务，然后请教汪博士自己该怎么办。看着有些茫然的顾鸣鸣，汪博士先是给了她一些鼓励，之后对她说：“工作虽有挑战性，但还是有解决办法的。听你的介绍，你们公司做绩效管理是有一定基础的，特别是你们公司去年梳理和优化了业务流程，确定了各部门主要职责分工，完成了各岗位的工作分析和职位说明书。这些都非常好，有利于你们后面顺利开展绩效管理工作。下面我先给你讲讲绩效管理系统的改善……”

第一节 绩效管理系统改善

对于大多数企业来说，原来可能都存在一定的绩效管理，尽管可能不完善，或者存在很多问题。在改善绩效管理系统之前应该首先对原有的绩效管理工作进行诊断，看看哪些地方存在问题。例如，是没有重视过程中的沟通，还是绩效评估不公正，还是其他什么原因，这样才可以有的放矢地改善绩效管理系统。

绩效管理系统的内容

一家公司的绩效管理系统往往会以一种正式的管理制度方式固化下来。通常这套制度体系包括绩效管理规范、绩效管理相关流程、绩效管理相关表单和绩效指标词典。具体说来，有以下内容。

◉ 绩效管理的目标和总的原则

首先要让所有人认识到公司实行这套绩效管理系统要达到怎样的目的，并且要知道这项工作需要在一个多大的框架下进行。

◉ 界定每个人在绩效管理中的角色

管理者在绩效管理中应该做什么，员工在绩效管理中应该做什么，人力资源部门在绩效管理中应该做什么。这样大家都清楚自己在这件事情中的角

色，哪方面没做好就知道是谁的责任了。

◉ 绩效管理的操作流程

主要是让人们清楚做这件事的程序是怎样的，应该先做什么，后做什么，每个环节具体怎样操作。

◉ 时间和周期

让绩效管理的实施者明确到什么时间做什么工作。

◉ 绩效结果的应用

让所有员工知道绩效评估结果都与自己工作中哪些方面有关系，有怎样的关系。

◉ 绩效管理的申述机制

当员工对绩效管理特别是绩效评估的分数存在争议时，应该通过怎样的渠道把问题反映上来，怎样能够让问题得到解决。

◉ 相关的表格、指标词典等

进行绩效计划、绩效辅导、绩效评估、个人发展计划等使用的各种表格应该设计完善，还有保证绩效指标设定的绩效指标词典也要建立起来。

绩效管理系统的改善和实施要点

◉ 要点一

在改善绩效管理系统之前，重新审视绩效管理与人力资源管理其他系统，如薪酬系统、培训系统、奖惩激励系统之间的关系。如果组织中已经实行依据绩效评估结果支付薪酬，那么就要使绩效管理系统与薪酬系统相互支持。

◉ 要点二

不直接改变绩效管理系统。直接改变会带来员工的抱怨和抵制，因为使用者可能已经习惯了原有的管理方法。可以通过其他方式逐渐改变，如通过培训的方式教会管理者如何衡量员工的绩效和给予反馈来改善沟通，在培训中运用新的管理方法。一旦主管人员认可新的管理方法，自然会自觉运用到绩效管理实践中。通过这样自然的转变，不会带来大的震荡。

◉ 要点三

当绩效管理系统的一个目的是使组织中的文化和氛围得到改变时，那么就需要定义出一系列行为性的指标，引导人们表现出所期待的行为，通过行为的改变促进组织的文化和氛围得到改变。

◉ 要点四

一定要对使用绩效管理系统的人实施培训。这些培训应该包括设定绩效指标和绩效标准，如何跟踪和收集与绩效指标有关的数据，如何进行绩效反馈面谈，如何奖励优秀的绩效，人际沟通、说服的技能，指导和激励的技能等。

◉ 要点五

定期（至少一年一次）评估管理者和员工对该绩效管理系统的满意度，并对其进行调整和修订。

绩效管理系统的配套支持体系

在大中型企业，绩效管理系统的有效运作需要其他管理体系的支持与合作。与绩效管理体系密切相关的其他企业管理体系主要包括以下内容。

◉ 岗位工作标准体系

工作标准是保证绩效目标顺利实现的基础，没有工作标准，就难以对员

工绩效进行衡量。制订工作标准的前提是进行准确的岗位描述。

◉ 计划/预算管理体系

计划/预算管理体系主要与财务评估指标的设定有关。各级管理人员所承担的收入指标、成本费用指标、利润指标、资金指标、资产指标以及上述指标的各项构成往往都是在企业的年度经营计划及预算中确定的。而且，财务指标目前仍然是个人绩效评估指标中最为重要的一类指标。因此，个人绩效指标的合理性和细化程度将主要取决于相关经营计划和预算的合理性及其细化程度。完善的计划/预算管理体系将是个人绩效管理体系的实施基础。

◉ 企业内外部反馈体系

在部门/个人绩效指标中，一些指标需要根据内外部的反馈意见进行评估。为了使绩效评估工作更为客观、公平、公正、透明，就需要建立必要的内外部信息反馈和收集机制。这些工作可以借助于外部机构进行，例如通过市场调查公司对客户进行满意度调查，通过人力资源咨询公司对内部员工进行满意度调查，也可以通过企业内部有关职能部门完成。

◉ 管理信息系统

个人绩效管理体系涉及了大量的数据统计、记录、汇总和对比分析工作。实际上，仅个人绩效指标中的财务指标部分，就需要借助于财务管理信息系统的支持。因此，如果能够在个人绩效管理体系方面引入适当的计算机管理体系，将有助于个人绩效完成情况的记录、跟踪、反馈和评估工作，既可以提高工作效率，也可以确保数据计算的准确性和可追踪性。

◉ 个人能力发展计划

建立个人绩效管理体系的一个重要目的是帮助员工提高个人能力，从而确保公司绩效目标的实现并进而提高公司绩效。由于个人能力发展计划与个人绩效管理体系之间存在着紧密的联系，因此个人能力发展计划往往作为个人绩效管理体系的一个重要组成部分，与绩效指标设定、绩效过程监控以及绩效评估共同构成完整的个人绩效管理体系。

绩效管理中人人需要思考的问题

在绩效管理系统建立和实施的过程中，高层管理者往往从宏观角度决定了绩效管理的政策，指引着绩效管理的方向。从高层管理者的角度应该关注和回答的问题有：

◇ 绩效管理如何与组织的战略规划过程联系起来？如何与组织短期的运营过程联系起来？

◇ 组织应该采用什么样的绩效管理政策？

◇ 组织应该如何就长期目标、短期目标和基本的组织价值理念与组织成员进行沟通？

◇ 应该鼓励什么样的绩效，是鼓励结果还是鼓励过程中的努力？鼓励个人的绩效还是鼓励团体的绩效？

◇ 组织如何才能知道每项工作做得怎么样，它们为组织做出了什么样的贡献？

◇ 组织应该如何使用绩效评估的数据和信息？

◇ 组织应该如何通过薪酬或其他方式对员工的绩效进行奖励？

◇ 组织应该为不同员工分别提供什么样的发展机会？

作为主要评估者的部门管理者，对员工进行日常管理和评估，因此他们应该思考和回答评估中一些具体的操作性问题：

◇ 公司的绩效管理策略如何贯彻到你所管理的部门？

◇ 如何向下属传达和强调部门的工作目标？

◇ 为下属（被评估者）提供了什么训练和指导？

◇ 让下属充分发挥他们的知识和技能了吗？

◇ 怎样形成和推动部门中的团队精神与合作？

◆ 怎样意识到那些影响下属（被评估者）绩效的问题？

◆ 给下属（被评估者）什么样的机会来讨论他们的观点、目标和问题？

◆ 怎样获得下属（被评估者）的信任和支持？

◆ 怎样帮助下属（被评估者）成长和发展？

作为被评估者的各级员工，在绩效评估的过程中也不应该是完全被动的地位。被评估者对如下问题的回答也可以反映出绩效管理系统的有效性。

◆ 如何得到正确从事自己工作的信息？

◆ 怎样准确地知道自己应该做什么、应该做得多好、应该在什么时候完成工作？

◆ 怎样判定评估者（你的直接主管）知道你正在做什么并且能够帮助你提高你的工作绩效？

◆ 怎样使上司（评估者）认识到并且注意和接纳你的观点和建议？

◆ 怎样使上司（评估者）相信你能够胜任分配给你的工作任务？

◆ 有什么样的机会参加到影响你绩效的决定之中？

◆ 有什么样的机会设立自己的绩效标准或者影响你的绩效标准的设定？

◆ 组织怎样在报酬和工作要求之间建立适宜的关系？

◆ 职业生涯发展计划或职业生涯计划或职业生涯阶梯计划是怎样建立和操作的？

◆ 从工作当中，如何得到尊重和认可？

绩效管理系统的设计者和实施者在组织的绩效管理策略的前提下设计绩效管理系统，在公司里通常是由人力资源部门来设计和实施的。作为设计和实施者，应该考虑和回答的问题是：

◆ 怎样判断什么样的工具和程序对组织来说是最好的？

◆ 怎样决定由谁来进行评估、使用什么样的表格、采用什么样的程序？

◆ 提供了什么样的有关绩效管理的培训？

◆ 采取了什么方法提高员工的工作满意度？

◆ 怎样改善组织中的信息流的质量和数量？

◆ 工作中的不满意是怎样被识别并且使问题得以解决的？

◆ 员工的绩效信息如何被保密？

◆ 怎样将员工的绩效结果与提高报酬、发放奖金以及其他形式的报酬联系起来？

◆ 工作绩效评估如何与晋升、降职、岗位轮换、裁员、解雇等人事决策联系起来？

第二节　编制绩效管理操作手册

看顾鸣鸣在认真地听，汪博士继续说："鉴于你们目前的问题是缺乏规范化和科学化，我建议你们公司编制一套绩效管理操作手册，一来可以把你们现有的一些制度、规范、流程及表单进行归类，完善绩效管理系统；二来可以借此展开对全体管理者和员工的培训。至于绩效管理操作手册如何编制，我可以给你讲讲思路……"

绩效管理操作手册是企业在推行绩效管理时运用的一套具体的操作指南。通过绩效管理操作手册，把绩效管理的内容、方法和程序标准化、规范化，更重要的是把各类人员在实际操作中可能碰到的细节问题以"手册"的形式固定下来，并付诸实施，从而达到在整个人力资源管理体系中正确、有效地运行绩效管理体系。

在编制绩效管理操作手册的时候，需要注意兼顾部门经理和员工的需求。很多企业在实践中往往强调从部门经理的立场出发，制订绩效手册，很少考虑到应该兼顾员工的立场和观点。其实，绩效管理的原则应该是平等和公正，评估的双方——评估者与被评估者是相辅相成的两个方面，处于对等且平等的位置，况且，如果没有被评估者一方的通力合作，即使评估者单方的意志和意图通行无阻，也很难使绩效评估富有成效。从这种意义上说，有必要改变原有的想法，在制订评估者使用的绩效管理操作手册的同时，制订被评估者使用手册，以便评估双方相互理解、相互沟通。

绩效管理操作手册内容包括运用规则、注意事项以及与其他管理制度的关系等。在编制时，要尽可能用容易理解的图表来说明和表示，对于个别重要的内容，要尽可能举例说明，文字表达尽可能简明扼要，避免辞藻的堆砌，让使用者一眼就能明白实施程序、运用目的等内容。

汪博士从自己的计算机中调出一个文档，是一个绩效管理操作手册的模板，如表 2－1 所示。他对顾鸣鸣说："这个模板我可以拷给你，但你千万不要直接拿来照抄，一定要根据你们公司的一些具体情况来编制适用的手册。"顾鸣鸣扫了一眼目录。

表 2－1　某公司绩效管理手册（目录）

1　总　则	4　绩效评估结果运用
1.1　绩效管理意义	4.1　绩效评估结果
1.2　绩效管理目的	4.2　岗位工资及岗位调整
1.3　绩效管理原则	4.2.1　员工晋升
1.4　绩效管理周期	4.2.2　工作调动
1.5　绩效与薪酬管理委员会	4.2.3　辞　退
1.6　绩效管理关系表	4.3　员工培训
1.7　适用范围	4.4　其他影响
2　绩效管理体系	4.4.1　对员工资格职务的影响
2.1　绩效管理体系定义	4.4.2　对内部职称评聘的影响
2.2　绩效管理体系结构	5　绩效管理制度修订
2.3　业绩管理的综合介绍	5.1　绩效管理修订内容
2.4　KPI 考核	5.2　绩效管理修订程序
2.5　计划完成情况考核	6　申　诉
2.6　能力、态度考核	6.1　申诉条件
2.7　部门满意度考核	6.2　申诉形式
2.8　考核内容及权重分配	6.3　申诉处理
3　绩效管理实施	7　附　则
3.1　绩效管理培训	附表 1：绩效管理方案意见表
3.2　绩效管理流程	附表 2：绩效管理申诉表

第三节 建立绩效指标词典

汪博士一边操作着计算机，一边对顾鸣鸣说："像绩效管理制度、绩效管理相关流程、绩效管理相关表单的编制相对容易一些，在你们公司现有的基础上，你可以根据管理使用需要，逐渐健全这些内容。相对来说，比较难的是编制绩效指标词典。你刚才也说了，你们公司考核的指标非常简单，用德、能、勤、绩来考核所有的人，没有量化标准，没有级别之差，这是不科学的。所以，你当前最重要的工作是建立你们公司的绩效考核指标体系，为了便于操作使用可以建立绩效指标词典……"

什么是绩效指标词典

首先要了解什么是绩效指标，绩效指标是用来衡量业绩好坏的标准。每个部门、每个公司在不同的战略阶段所要求的绩效指标都会发生变化。绩效指标词典是公司根据发展需要进行目标制订、目标分解、衡量指标确定、指标定义、指标运用等一系列工作的总和。一般来讲，绩效指标词典是企业绩效管理体系中非常核心的环节之一，也是公司绩效管理操作手册的重要组成部分。

绩效指标词典应具备的特征

绩效指标词典是一个公司、单位或部门所有绩效指标的集合，但它又不是一个简单、随机的组合，好的绩效指标词典应具备以下基本特征。

◉ 系统性

绩效指标词典中的指标组合应能全面、完整地反映公司或部门及各职位

的战略目标和业务重点，同时，所有职位的绩效指标都应包含在词典中，无一遗漏。

◉ 唯一性

绩效指标词典中的各个指标应是唯一的，不能有同样的两个指标出现在一个词典中。同时，每一个绩效指标都应能独立地反映一项战略目标或业务重点的全部或某一方面。

◉ 关联性

绩效指标词典的各指标之间应具有一定的关联性，即具有承接或支持关系，而不是相互孤立存在。例如，在一个公司的绩效指标词典中，如果仅有订单保障率而没有产品库存成本是没有意义的。

为什么要建立绩效指标词典

诚然，没有系统的绩效指标词典同样可以建立起绩效管理和考核体系，但建立一个好的绩效指标词典却有以下一些难以替代的优点。

◉ 避免指标歧义和导向不一致

很多公司在制订绩效指标时，各部门、各职位往往是各自为政，将相互联系的战略整体人为地分割开来。这必将导致：在不同的部门甚至同一部门不同职位之间所采用的同一指标所包含的意义、考核内容和重点不一致；对某一因素的衡量难以避免地采取了不同的方法和标准。由于绩效指标本质上应恰当地反映并传递公司的战略和价值导向，因此，指标本身的歧义必然导致公司战略目标传递及价值观、文化传播的不一致。

◉ 避免考核标准和目标不一致

对不同部门或不同职位某一业务、目标因素的考核应该具有统一的标准和一定的可比性。但如果没有系统的绩效指标词典，由于指标反映的内容有差异，将不可避免地导致考核标准和目标设定的不一致。

◉ 便于指标修改和更新

在指标设定的过程中我们经常发现：不同部门或同一部门内许多职位的绩效指标是完全相同的，如人均培训时间（针对部门主管）、物耗率（针对车间操作职位）等。然而，绩效指标的制订并非一次就能完全确定，往往在制订的过程中及结束后要对绩效指标的定义作反复修改。在这种情况下，每作一次修改就需要对不同部门或不同职位的同一绩效指标同步作出修改，且不论修改的工作量和操作性，只要稍有不慎就会出现遗漏或修改错误。同时，随着公司战略目标及业务重点的改变，各部门及职位的绩效指标也应随之作相应修改，此时也会遇到以上同样的问题。如果建立了系统的绩效指标词典，则问题一下子变得简单了，只需对绩效指标词典中的指标定义作一次修改就可大功告成，既不会出现遗漏，也不会出现定义偏差。

绩效指标词典的编制步骤

一个完整的绩效指标词典编制过程，主要分以下八个步骤。

◉ 第一步　公司战略地图的建立

战略地图就是企业利用平衡计分卡将公司战略转化成为一系列可衡量和可分解的，并具有一定内在逻辑关系的战略目标的组合。建立公司战略地图是建立公司绩效指标词典的第一步，也是非常关键的一步，因为如果公司的战略定位不清晰或战略分解不到位，将直接导致公司战略实施的有效性，换句话说就是导致公司目标很难实现。一份合格的战略地图，应该具有以下明显的特征：目标导向性、目标支持性、目标连续性、目标量化性、目标宣贯性。

◉ 第二步　战略目标说明

战略地图建立起来后，需要对战略地图中提到的每个战略目标进行说明，因为只有通过说明，才能使员工、绩效管理部门非常清楚公司战略目标的核心思想，进而知道他们的日常工作。

◉ 第三步　战略目标的强相关识别

强相关是指实现指标最核心部分不可或缺的直接责任，可能是管理责任、组织责任、计划责任、执行责任或定期分析改进责任。战略目标的强相关分解是绩效管理体系中第一次分解各个战略目标的责任，所以说，这个阶段是一个非常关键的环节，因为绩效管理的核心目标就是在分清责任和权利的基础上，通过一系列的绩效管理工具，最终保证分配的合理性、公平性。通过对公司战略地图中涉及的各战略目标的强相关性识别，可以初步得到每个战略性目标的主要责任部门。

◉ 第四步　战略目标分解

在建立战略地图的时候，虽然已经对每个战略目标进行了说明，但这些战略目标因为涉及面广，很难量化和实现，就需要对战略目标进行进一步的细化和分解。常见的分解工具有因果分析法（鱼骨图法）、关键事件法等。通过对目标的层层分解，使大目标变成小目标，小目标变成具体可以操作的核心事件，并通过核心事件的运作，最终实现公司战略目标、经营目标。

◉ 第五步　目标指标化

将目标指标化过程，实际上是确定目标成果衡量标准的过程。通常我们在将目标转化成指标的时候，会从质量、数量、时间和成本四个维度进行评估（如表2－2所示），即实现该核心事件需要耗费的时间和花费的成本

（包括直接成本、间接成本和机会成本等），该核心事件完成的质量如何，以及该核心事件完成的数量有多少。

表 2-2　年度人力资源部目标指标化

<table>
<tr><th>目标名称</th><th>数量维度</th><th>质量维度</th><th>时间维度</th><th>成本维度</th></tr>
<tr><td>培训规划</td><td></td><td colspan="2">培训规划通过总经理批准的时间</td><td></td></tr>
<tr><td>培训组织</td><td>核心员工平均培训时间
普通员工平均培训时间</td><td colspan="2">培训计划达成率</td><td>培训费用控制率</td></tr>
<tr><td>培训效果评估</td><td></td><td>培训考试及格率
培训考核合格率</td><td></td><td></td></tr>
<tr><td>培训效果跟踪</td><td></td><td>有效跟踪次数</td><td></td><td></td></tr>
<tr><td>内部讲师队伍建设</td><td>合格内部讲师数量</td><td></td><td></td><td>内部讲师费用</td></tr>
</table>

◉ 第六步　指标定义

目标衡量指标确定后，还需要对各个指标进行定义，定义的目的在于考核双方都清楚指标涵盖内容、考核范围、考核数据来源、考核设置目的以及指标承担的主要和次要责任部门。一般来说，对指标的定义包含以下 11 个方面的内容（如表 2-3 所示）。

表 2-3 某公司指标定义表

指标名称	原材料交检一次性合格率	强相关部门	采购部	指标编号	CG-001
指标来源	提高产品质量		指标目的	提高采购原料一次交检合格率	
指标定义	提高原材料采购质量，减少、杜绝由于原材料质量问题造成的待工、停产、降低产品质量等负面影响				
滞后/前置指标	前置指标	计量单位	%	考核频率	月
计算公式	合格原料批数占总进货批数的比率 （合格批数÷总批数×100%）				
数据输出	品保部		数据输入	企管部、采购部	
基本目标	92%		期望目标	95%	
相关说明	数据以品保部监测记录为主，特殊材料可不在统计范围内				
相关部门	采购部、品保部、生产管理部			考核方法	比率法

（1）指标编号。为了便于管理，特别是使用 HR 软件的企业，通常需要对指标进行系统编号，以便查询和管理。

（2）考核频率。因为公司对每个指标的关注程度不同，每个指标涵盖的内容和范围不同，需要对每个指标的考核周期在年初进行充分识别。通常我们对指标考核周期的描述有月度、季度、半年度和年度四种。

（3）计量单位。通常指标的计量单位有数量单位（个、斤、次）、财务单位（元）、时间单位（小时、月、年）、比例单位（百分比）。

（4）指标定义。对指标的内在性质及范围等方面的内容进行界定和说明，避免理解上的差异。

（5）设置目的。阐述指标设立的意义，帮助大家对指标正面理解，当然有的公司还直接采用类似“指标来源”等栏目描述该指标具体是从哪一个战略目标中分解得来的。

（6）计算公式。清晰界定指标量化评价的方法，一般将完成结果输入公式中就可以产生结果了。

（7）相关说明。许多备注信息需要在本栏目中阐述清楚，或者需要参考的相关附件等。

（8）指标误差。说明指标可以接受的误差范围。

（9）数据输出。确定该指标评价数据是由哪个部门或岗位负责输出的。指标数据输出的常见部门或岗位有：专业管理部门、总经理或副总经理、财务部门、人力资源部门、企管部或公司专门成立的监察组。

（10）强相关部门。指标通常与一个或多个部门相关，需要识别出来。强相关是指实现指标最核心部分不可或缺的直接责任，可能是管理责任、组织责任、计划责任、执行责任或定期分析改进责任。

（11）考核方法。即该指标采用哪种考核方法会更有效、成本最低和效果最好。百分比率法、非此即彼法、层差法、加分法和减分法常用于对定量指标的考核，而等级平价法常用于对定性指标的考核。

◉ 第七步　指标规划

指标定义完毕，还需要对每个指标进行规划（如表2-4所示）。规划的目的在于分清每个指标的重要程度、紧急程度和可实现程度，并且通过规划使指标承担部门清楚指标的考核期，便于其规划和安排部门工作。将年度指标按照考核周期规划到各个考核指标时，需要考核各个考核周期指标的均衡性问题，如果一些考核周期指标太多，而另一些考核周期指标较少，甚至没有考核指标，这对绩效系统的有效推进来说，是非常不利的。通常企业在每个考核周期内各考核单元指标保持在5~9个。总体指标的难易程度要把握好，不要过高或过低。对不同类型的绩效指标来说，其难易程度更要把握好。指标与指标之间、部门与部门之间存在各种协调发展的关系，这种协作关系有可能是时间上的，也有可能是资源共享上的。

表 2-4 年人力资源部 KPI 识别规划表（部分）

序号	指标名称	可能考核的时间				
		1 季度	2 季度	3 季度	4 季度	全年
1	培训规划通过总经理批准的时间	★				
2	核心员工平均培训时间					★
3	普通员工平均培训时间					★
4	培训计划达成率					★

◉ 第八步 绩效指标词典的应用与维护

公司将前面几个环节中形成的文件资料进行汇总，最终形成公司绩效指标词典，然后就需要对已建立起来的绩效指标词典在公司内部进行应用，并在应用过程中随着公司战略的调整和绩效水平的变化随时对其进行动态维护与调整。

绩效指标词典不仅能被普遍地运用于绩效管理的各个阶段和许多方面，还可作为一种管理手段运用于组织的设计、优化及业务流程的梳理、再造等。

（1）人力资源部及部门主管解释职位的有效工具。将职位说明书和绩效指标词典结合起来，可以比较全面、准确地描述职位的内容、职责及公司对该职位业绩关注的重点，一方面保证了人力资源部门、部门主管及员工对职位理解的一致性，另一方面也使员工更好地理解并承接公司的战略及部门的任务和目标。

（2）运用于绩效目标制订和绩效评价。由于每个职位的绩效指标都包含于绩效指标词典中，而词典中的每一个绩效指标都有明确的定义、计算方法、数据来源及评分标准等，在绩效管理过程的初期，管理者只需和下属员工共同确认相关的绩效指标及相应的权重，即可完成绩效目标的制订，而且不会产生指标和目标上的歧义，使过程变得更为简单、有效。同样的道理，绩效评价的结果也更具客观性和说服力，从而减少了对评价及得分标准的争议。

（3）运用于检查组织及业务流程设计的合理性。绩效指标词典作为一个系统，能够独立于部门或职位而存在。绩效指标词典中的指标来源于公司战略目标和流程的分解，反过来，在建立绩效指标词典的过程中，自始至终都在对公司战略目标传递及价值观传播的有效性进行检查，对业务流程的合理性进行梳理，进而对组织及业务流程的优化提出相应的要求和目标，改善运作管理。我们知道，无论公司采用何种组织形式，运用怎样的业务流程组织运作及为客户提供服务，由于组织目标和方向并没有实质性不同，因此大部分关键绩效指标也不会有本质上的差异。在进行组织优化或重新设计及流程再造的过程中，可以对照绩效指标词典来检验组织及流程设计的合理性，因为绩效指标词典中的主要指标都应由组织及流程的某一部分来合理承接。

讲完绩效指标词典的建立步骤，汪博士给顾鸣鸣看了一个绩效指标词典的模板，随后又打开一个文件夹，这里面都是一些介绍关键绩效指标（KPI）的资料，他点了其中一个文件后对顾鸣鸣说："在这个流程中，最为重要的步骤是关键绩效指标的提取。这里面有很多技术要求，我简单给你说说……"

第四节 KPI 的提取技术

什么是 KPI

KPI 是 Key Performance Indicators 的缩写，中文译为"关键绩效指标"，

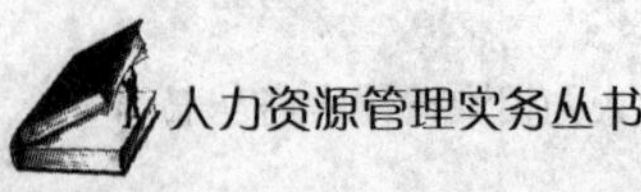

是用来衡量某一职位工作人员工作绩效表现的具体量化指标，是对工作完成效果的最直接衡量方式。

KPI 来自于对企业总体战略目标的分解，反映最能有效影响企业价值创造的关键驱动因素。设立 KPI 的价值在于，使经营管理者将精力集中在对绩效有最大驱动力的经营行动上，及时诊断生产经营活动中的问题并采取提高绩效水平的改进措施。KPI 并不一定能直接用于或适合所有岗位的人员考核，但因为 KPI 能在相当程度上反映组织的经营重点和阶段性方向，所以成为绩效考核的基础。

KPI 的特点

◉ KPI 来自于对公司战略目标的分解

作为衡量各职位工作绩效的指标，KPI 所体现的衡量内容最终取决于公司的战略目标。如果 KPI 与公司战略目标脱离，则它所衡量的职位的努力方向也将与公司战略目标的实现产生分歧；KPI 是对公司战略目标的进一步细化和发展。公司战略目标是长期的、指导性的、概括性的，而各职位的 KPI 内容丰富，针对职位而设置，着眼于考核当年的工作绩效，具有可衡量性。因此，KPI 是对真正驱动公司战略目标实现的具体因素的发掘，是公司战略对每个职位工作绩效要求的具体体现；KPI 随公司战略目标的发展演变而调整。当公司战略侧重点转移时，KPI 必须予以修正以反映公司战略新的内容。

◉ KPI 是对绩效构成中可控部分的衡量

企业经营活动的效果是内因外因综合作用的结果，这其中内因是各职位员工可控制和影响的部分，也是 KPI 所衡量的部分。KPI 应尽量反映员工工作的直接可控效果，剔除他人或环境造成的影响。例如，销售量与市场份额都是衡量销售部门市场开发能力的标准，而销售量是市场总规模与市场份额相乘的结果，其中市场总规模则是不可控变量。在这种情况下，两者相比，市场份额更体现了职位绩效的核心内容，更适于作为 KPI。

◉ **KPI 是对重点经营活动的衡量，而不是对所有操作过程的反映**

每个职位的工作内容都涉及不同的方面，高层管理人员的工作任务更复杂，但 KPI 只对公司整体战略目标影响较大，对战略目标实现起到不可或缺作用的工作进行衡量。

◉ **KPI 是组织上下认同的**

KPI 不是由上级强行确定下发的，也不是由本职职位自行制订的，其制订过程由上级与员工共同参与完成，是双方达成一致意见的体现。它不是以上压下的工具，而是组织中相关人员对职位工作绩效要求的共同认识。

KPI 在组织中的作用

KPI 所具备的以上特点，决定了 KPI 在组织中具有举足轻重的意义。

第一，作为公司战略目标的分解，KPI 的制订有力地推动了公司战略在各单位各部门得以执行。

第二，KPI 使上下级对职位工作职责和关键绩效要求有了清晰的共识，确保各层各类人员努力方向的一致性。

第三，KPI 为绩效管理提供了透明、客观、可衡量的基础。

第四，作为关键经营活动的绩效的反映，KPI 帮助各职位员工集中精力处理对公司战略有最大驱动力的方面。

第五，通过定期计算和回顾 KPI 执行结果，管理人员能清晰了解经营领域中的关键绩效参数，并及时诊断存在的问题，采取行动予以改进。

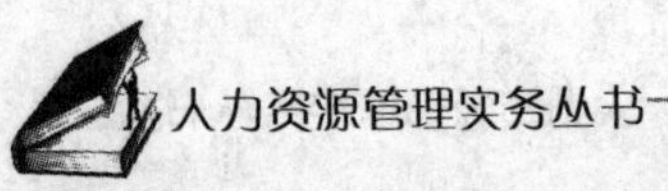

KPI 的提取步骤

◉ 第一步　战略目标分解

首先要明确企业战略，并根据企业战略确定企业的关键成功要素。寻找关键成功要素，要从以下三个方面来考虑。

一是导致企业过去成功或不成功的最主要因素是什么。

二是上述这些因素中，哪些因素依然对企业的成功起关键作用，哪些已经不起关键作用了。

三是企业要成功迎接未来的挑战，所必须做到的最关键的事情是什么。

在考虑这些问题的时候，通常是采用头脑风暴法、高层访谈法和员工访谈法等方法。

◉ 第二步　对企业的关键成功要素进行分解，形成 KPI 要素

因为关键成功要素是对企业战略的定性描述，具有很强的概括性和抽象性，所以要将其进一步分解成更具体的 KPI 要素。

◉ 第三步　对 KPI 要素进行进一步的分解，形成企业级的 KPI

虽然 KPI 要素已经是对企业关键成功要素的分解，但是其同样不具备可操作性的特点，要作为绩效考核指标是不可行的。因此，必须将其转化为更具操作性的企业级 KPI。

◉ 第四步　将企业级的 KPI 进一步分解细化为部门级的 KPI

部门级的 KPI 来源于企业级的 KPI 以及部门的相关职责。不同部门的 KPI 中，这两个部分所占比重不同。譬如说，在一个制造业企业中，它的生

产部门的 KPI 中，企业级的 KPI 应该占有较大比例；而在办公室或者后勤部中，部门职责占的比例显然比较大。

在对企业级 KPI 进行分解时可能会遇到一个问题，那就是一些企业级的 KPI 可能不能直接由某个部门承担（比如说一个企业级 KPI 涉及了两个或更多部门的绩效）。在这种情况下，就必须对它进行进一步的分解。

◉ 第五步　部门级的 KPI 分解为员工级的 KPI

这一步的方法基本上和前一步类似，只不过要将前一步骤中的部门职责更换为岗位职责。

下面我们来看一个例子。

某公司通过 SWOT 分析法分析得出该企业“重新成为该地区的行业市场领先者”的战略，在综合考虑了以往成为市场领先者的经验和所面临的现实环境的基础上，在公司高层领导会议上通过采用头脑风暴法，最终确定了 4 个关键成功因素：客户服务、市场领先、利润增长以及人员素质的提高。

公司的关键成功要素确定之后，要对其进行进一步的分解，形成 KPI 要素。这样做主要是为了明确以下几个问题。

（1）每个关键成功要素所包含的内容有哪些？

（2）怎么才算是实现了关键成功要素，也就是说每个关键成功要素实现的标准是什么？

（3）每个关键成功要素实现的关键措施和手段是什么？

（4）如何保证这些关键成功要素的目标能够实现？

对 KPI 要素进行进一步细化，就可以得到公司一级的具体的 KPI 了（如表 2－5 所示）。对于一个企业而言，它的行为是很难衡量和描述的，而且对于企业来说，有足够的业绩类指标和能力类指标来反映其绩效。所以，一般来说，企业级 KPI 并不应该包括行为类型的 KPI，只包括业绩和能力方面的 KPI。

表2－5 某公司企业级KPI表

	关键成功要素	KPI要素	企业级KPI
重新成为该地区的行业市场领先者	市场领先	市场竞争能力	当期接待团次
			当期营业收入
			创新能力
		市场拓展能力	新客户数量
			新业务营业增长率
	客户服务	客户满意度	客户对品牌的认知度
			每团次客户投诉数量
			对客户要求的反应能力
	利润增长	应收账款	回款速度、期限
			呆账、坏账数量
		费用控制	办公费用
			业务招待费用
		纯利润	纯利润目标达成率
	人员素质	人员	骨干人才离职率
			员工大本学历比例
		文化	员工满意率

如表2－6所示，在关键成功要素法中，部门级KPI来自对企业级KPI和部门职责的分解。部门级KPI应该包括业绩类、行为类和能力类指标。对于某些由多个部门共同承担的企业级KPI，必须经过进一步的分解才能得到部门级KPI。

表 2－6　某公司市场部部门级 KPI

<table>
<tr><th></th><th>企业级 KPI</th><th>部门级 KPI</th></tr>
<tr><td rowspan="9">市场部部门职责
……</td><td>……</td><td>……</td></tr>
<tr><td>客户对品牌的认知度</td><td>产品优先购买率</td></tr>
<tr><td rowspan="2">每团次客户投诉量</td><td>顾客重复购买率</td></tr>
<tr><td>内、外部客户满意度</td></tr>
<tr><td>……</td><td>……</td></tr>
<tr><td rowspan="2">对客户要求的反应能力</td><td>投诉处理及时率</td></tr>
<tr><td>投诉处理有效率</td></tr>
<tr><td>……</td><td>……</td></tr>
</table>

在考虑员工工作职责的基础上，把部门级 KPI 分解给员工，落实到具体的岗位上就可以了（和部门级 KPI 形成时要注意的一样，这里同样要注意对某些指标的再细分问题）。之所以要考虑员工个人的工作职责，是因为企业中处于越低层次的成员对于企业战略实现的作用越小，对关键成功要素的影响越小，对企业成功的贡献也越小。因此，对于员工，特别是某些类型（比如后勤类的员工等）的考核指标，不能仅仅考虑从企业关键成功要素层层分解下来的指标，必须综合考虑员工的工作职责。

在员工层面上，KPI 可以包括业绩、行为和能力三个方面的类型，因为，对于员工而言，其行为是比较容易界定和衡量的，而之所以选择能力因素，是因为能力在员工，特别是某些类型的员工（比如说科研人员）工作绩效形成过程中扮演着极其重要的角色。

用了一下午时间，汪博士采用层层剥笋的方式，向顾鸣鸣介绍了绩效管理系统改善，绩效管理操作手册、绩效指标词典的编制步骤，以及最为重要的绩效指标设计技术。

最后，汪博士向顾鸣鸣推荐了一些专业书和几个人力资源方面的网站，并建议她上一个叫 HR 吧的论坛，说那里面有很多同行经常讨论一些企业管

理实践中的热点问题，可以多和他们交流交流。

汪博士的一番讲解让顾鸣鸣茅塞顿开，思路也清晰了很多。她打算回去一定要说服公司领导，请汪博士的团队帮助公司设计 KPI 绩效指标体系。

第二天上班后，把这个想法跟赵经理做了沟通。赵经理听后表示支持。很快赵经理带给顾鸣鸣一个好消息，公司领导批准了她的建议，请北大心力管理顾问公司帮助公司设计 KPI 绩效指标体系。顾鸣鸣请来汪博士和公司的部分领导做了沟通。

两天后，汪博士的团队入驻公司。与此同时，由各部门经理组成的绩效管理委员会也成立了。

在管理顾问的帮助下，首先对公司的战略目标进行了确认，并设计完成了公司级指标体系。

接下来是设计部门级指标体系。在部门指标分解过程中，汪博士一直反复强调并要求各部门经理及分管副总充分地发表他们自己的意见和看法，当上级（分管副总）和下级（部门经理）对某一指标的分解产生异议的时候，汪博士特意预留了时间指导他们进行专题沟通直至达成共识。

指标初步分解后，形成一张指标分解矩阵表（见附录一），然后管理顾问们开始指导各个部门经理从部门职能推导出指标，并将其与分解指标进行对比，从而对分解的指标进行修正与补充。同时，为了加强各个部门在日常工作中的协作，管理顾问们最后还让各个部门对自己分解到的指标进行相关协作的要求，即为了实现每个指标的目标，在日常实际工作中还需要哪些部门进行配合，对其他部门有什么期望。

在指标分解时，管理顾问对指标的把握和控制避免了指标设置的偏差。例如，在讨论中，将“产品一次交验合格率”这一指标分解到生产部，生产部的李经理在进行部门需求分析时提出该指标也应当考核品质部。他认为因为品质部的重要职能是监督并配合生产部进行质量管理，所以他们也应当对质量管理的结果负全部的责任。但是管理顾问却提出异议：如果该指标也考核品质部门，那么会不会造成品质部的经理和 QC（Quality Control）人为地提高该指标数值？为此管理顾问和生产部经理、分管副总进行了反复的沟通与解释。最后，达成一致意见：该指标可以分解到品质部作为部门指标体系，但是该指标只能考核现场品质管理员，但绝对不能作为品质部的考核指标和 QC 的考核指标。

部门指标体系设计会议最后一项工作是将部门指标体系的初稿和部门职能进行对比。管理顾问们在会议现场和各个部门经理及分管副总进行了指标的推导并进行指标对比。

经过两个星期的集中封闭讨论，在管理顾问公司的指导下终于完成了部门指标体系的设计工作。

第三章

绩效计划

顾问公司走后，人力资源部趁热打铁为部门经理安排了绩效管理培训。连续四周，每周周六下午半天时间，由顾鸣鸣担任培训讲师。

让顾鸣鸣没想到的是，第一堂课公司总经理宁总和分管行政的张副总都到场了。宁总首先讲话，他要求大家对绩效管理工作重视起来，今年不仅要将各自部门的绩效管理工作做好，还要和人力资源部共同完善绩效管理体系，然后他转身笑着对顾鸣鸣说："小顾啊，以后他们谁不听你顾老师的调遣，你就到我这来告状。"在座的人都笑了。可顾鸣鸣的心里却踏实很多，她心想：有了这把尚方宝剑，以后工作开展起来就会顺利很多。

培训开始，顾鸣鸣简单回顾了公司绩效指标体系的建设情况，并感谢各部门对人力资源部工作的大力支持。谈到这次培训的目的，她说："前些日子顾问公司在的时候，也给大家做了一些简单的培训，但主要是围绕绩效指标体系建立的内容。而绩效管理工作要真正走向规范化、科学化，还需要加强部门主管在绩效管理过程中的实际操作能力，因此公司领导要求安排这个系列培训。不过在这里我想说明一点，我更愿意称之为研讨，而不是上课，在座各位都是资深经理人，有着丰富的管理经验，我是没有资格给大家上课的。但我愿意把目前人力资源管理方面一些比较新的管理工具和技巧介绍给大家，然后请在座的经理也把你们工作实践中的一些好的经验拿出来分享，共同探讨适合咱们公司的绩效管理模式。不知道大家是不是愿意？"看到大多数部门经理点头赞同，顾鸣鸣露出笑容，"好，今天讨论的是绩效管理的操作流程的第一个环节——绩效计划，我先把一些相关知识作个介绍……"

第一节 绩效计划制订原则

绩效计划的含义

对绩效计划，我们可以从两个角度去理解其含义。一种是把"计划"

当做一个名词，那么绩效计划就是一个关于工作目标和标准的契约；另一种是把“计划”当做一个动词，那么绩效计划就是评估者和被评估者共同沟通，对员工的工作目标和标准达成一致意见，并形成契约的过程。总的来说，绩效计划就是评估者和被评估者就被评估者应该实现的工作绩效进行沟通，并将沟通的结果落实为订立正式书面协议，它是双方在明晰责、权、利的基础上签订的一个内部协议。

制订绩效计划的目的是使组织各层级都有明确的、上下一致的目标，以保证企业战略的实施和目标的实现。经理和员工共同制订的目标要与组织目标相关。通常是将组织战略目标分解到各部门，再分解落实到每一个员工。

绩效计划制订的原则

◉ 价值驱动原则

要与提升公司价值和追求股东回报最大化的宗旨相一致，突出以价值创造为核心的企业文化。

◉ 流程系统化原则

与战略规划、资本计划、经营预算计划、人力资源管理等管理程序紧密相连，配套使用。

◉ 与公司发展战略和年度经营计划相一致原则

设定绩效计划的最终目的，是保证公司总体发展战略和年度生产经营目标的实现，所以在考核内容的选择和指标值的确定上，一定要紧紧围绕公司的发展目标，自上而下逐层进行分解、设计和选择。

◉ 突出重点原则

员工担负的工作职责越多，相应的工作成果也较多。但是在设定 KPI 时，切忌面面俱到，而是要突出关键，突出重点，选择那些与公司价值关联度较大、与职位职责结合更紧密的绩效指标，而不是整个工作过程的具体化。

◉ 可行性原则

KPI，一定是员工能够控制的，要界定在员工职责和权利控制的范围之内，也就是说要与员工的工作职责和权利相一致，否则就难以实现绩效计划所要求的目标任务。同时，确定的目标要有挑战性，有一定难度，但又可实现。目标过高，无法实现，不具激励性；过低，不利于公司绩效成长。另外，在整个绩效计划制订过程中，要认真学习先进的管理经验，结合公司的实际情况，解决好实施中遇到的障碍，使 KPI 贴近实际，切实可行。

◉ 全员参与原则

在绩效计划的设计过程中，一定要争取让员工、各级管理者都参与。这种参与可以使各方的潜在利益冲突暴露出来，便于通过一些政策性程序来解决这些冲突，从而确保绩效计划制订得更加科学合理。

◉ 客观公正原则

要保持绩效透明性，实施公平的、跨越组织等级的绩效审核和沟通，做到系统地、客观地评估绩效。对工作性质和难度基本一致的员工的绩效标准设定，应该保持大体相同，确保考核过程公正，考核结论准确无误，奖惩兑现公平合理。

◉ 综合平衡原则

绩效计划是对职位整体工作职责的唯一考核手段，因此必须要通过合理分配 KPI 完成效果评价的内容和权重，实现对职位全部重要职责的合理衡量。

◉ 职位特色原则

与薪酬系统不同，绩效计划针对每个职位而设定，而薪酬体系的首要设计思想之一便是将不同职位划入有限的职级体系。因此，相似但不同的职位，其特色完全由绩效管理体系来反映。这要求在绩效计划内容、形式的选择和目标的设定方面充分考虑到不同业务、不同部门中类似职位各自的特色和共性。

绩效计划制订中应注意的法律问题

绩效计划制订的基础是工作分析。在绩效管理中，对员工进行绩效考核的主要依据就是事先制订的考核指标，而考核指标的内容在很大程度上来自通过工作分析而形成的“岗位说明书”，借助“岗位说明书”来制订考核指标，可以使绩效管理更具科学性和针对性。一份清晰的“岗位说明书”可以让员工清楚自己的岗位职责是什么，本职工作中应该达到怎样的要求，也是在劳动争议中的重要证据。国外有学者曾对绩效考评导致的法律诉讼案件进行研究，找到了 1976 年以来使组织在这类案件中胜诉的 6 个因素，其中最为重要的因素是，企业必须肯定绩效考评的内容确实基于工作分析，绩效标准与工作相关，考评的内容是具体的工作内容，而不是考评者的意见或者主管的意见。

绩效目标的制订应当与员工沟通，并要求员工确认。企业制订的绩效目标应当明确地告诉劳动者。劳动争议处理中，企业在许多情形下要承担举证责任，如果企业以劳动者没有完成绩效目标对劳动者进行惩处，则首先必须证明绩效目标已经告诉劳动者，企业可以在绩效计划制订及辅导反馈的过程中与劳动者进行沟通。为降低法律风险，企业可以在绩效计划制订及辅导反馈的过程中要求员工签署有关书面文件，以此证明劳动者对绩效目标了解并

认可。

绩效指标应该量化或者可行为化，增强考核指标的可衡量性。在考核指标的设计上，企业应避免使用抽象的指标，如“忠诚度”或“诚实性”等，除非可以用量化的数据或可观察的行为去定义它们。在劳动争议中，绩效的量化或行为化分析较易成为法律证据，无法量化或行为化的主观评估难以被司法部门采纳。同时，绩效考核指标应该包含多个相互独立的指标，对于司法部门来说，只有一个笼统模糊的绩效考核指标是不可行的，司法部门一般会要求将这些独立的评价结合起来，分配权重，进而产生一个总分。

第二节　绩效计划的制订流程

员工绩效计划制订，是指评估者和被评估者，也就是各级员工和其直接上级之间进行充分沟通，参照过去的绩效表现及公司当年的业务目标设定每个 KPI 的目标指标及挑战指标，明确 KPI 的权重，并以此作为决定被评估人浮动薪酬、奖惩、升迁的基础。同时，绩效计划还包含帮助员工制订能力发展计划，以保证员工绩效目标的实现。

员工绩效计划的要素

◉ 被评估者信息

通过填写职位、工号及级别，可将绩效计划及评估表格与薪酬职级直接挂钩，便于了解被评估者在公司中的相对职级及对应的薪酬结构，有利于建立一体化人力资源管理体系。

◉ 评估者信息

评估者信息便于了解被评估者的直接负责人和管理部门。通常，评估者是按业务管理权限来确定的，常常为被评估者上一级正职（或正职授权的副职）。

◉ 关键职责

关键职责是设定绩效计划及评估内容的基本依据，提供查阅、调整绩效计划及评估内容的基本参照信息。

◉ 计划内容

这包括 KPI 与工作目标完成效果评价两大部分，它用以全面衡量被评估者的重要工作成果，是绩效评估表格的主体。

◉ 权重

列出按绩效计划及评估内容划分的大类权重，以体现工作的可衡量性及对公司整体绩效的影响程度，并便于查看不同职位类型在大类权重设置上的规律及一致性。

◉ 指标值的设定

对 KPI 设定目标值和挑战值两类，以界定指标实际完成情况与指标所得绩效分值的对应关系。

◉ 评估周期

绩效计划及评估原则上以年度为周期。针对某些特定职位，如销售人员、市场人员等，根据其职务和应完成的工作目标等具体工作特点，也可以月度或季度为评估周期，设定相应指标。

◉ 能力发展计划

制订能力发展计划，是以具体技能知识的方式，将企业对个人能力的要

求落实到人，让员工明了为实现其绩效指标需要发展什么样的能力，如何发展，形成持续不断、协调一致的发展道路。

员工绩效计划的制订流程

◉ 第一步　职位工作职责界定

职位工作职责界定，主要是通过工作分析的方法，对目标职位的关键业务内容及应实现的主要工作成果，用简练而准确的语言进行书面描述。其主要是由人力资源部门协助公司高层管理者来完成的。职位工作职责界定是设定 KPI、作好绩效计划设计的前提和基础。职位职责界定完毕后，就可以开始着手为其设定 KPI 了。

◉ 第二步　确定 KPI

这一步主要是根据公司的战略及业务计划、职位工作职责的描述，为被评估者制订可衡量的、能够量化的、具有代表性的 KPI。这项工作由各级经理根据直接下级的关键职责，结合本部门（本人）的 KPI，与被考核人沟通，确定被考核人的 KPI。

在指标的选取上，要遵循以下几项原则。

◇ 业绩指标必须和员工的工作紧密联系，必须基于员工的职位说明书，坚决杜绝诸如“工作量”“工作质量”“工作积极性”等模棱两可的用词。

◇ 业绩指标必须是员工工作内容的关键所在，数量不在多，在于其是否是关键，一个员工的工作细分起来可能有 10 项内容，甚至更多，我们不可能把所有的工作都写进去，我们需要做的是选取其中 3 ~ 5 项最为关键的指标，抓住员工绩效指标中的关键所在，把好钢用在刀刃上。

◇ 业绩指标的制订必须符合 SMART 原则。

指标必须是具体的（Specific）;

指标必须是可以衡量的（Measurable）；

指标必须是可以达到的（Attainable）；

指标必须和其他目标具有相关性（Relevant）；

指标必须具有明确的截止期限（Time - based）。

◇ 业绩指标必须是公司整体战略的分解。任何员工的业绩指标都是公司整体战略目标的分解，脱离了公司的整体战略，你所做的任何工作都是没有意义的。所以，在为员工制订 KPI 的时候，必须认真学习领会公司的整体战略，并对其做出切合实际的分解，落实到员工的绩效计划。

总的来说，在 KPI 的选择上，一定要力争做到科学合理，以发挥绩效管理的激励约束作用，最大限度地提升员工绩效水平。

◉ 第三步 指标权重分配

权重是绩效指标体系的重要组成部分，通过对每个被评估者职位性质、工作特点及对经营业务的控制和影响等因素的分析，确定每类及每项指标在整个指标体系中的重要程度，赋予相应的权重，以达到考核的科学合理。在设定各项指标权重时应注意以下问题：一些典型通用指标，如“客户满意度”“员工总数”“部门管理费用”等，在各部门及单位所占权重保持统一，以体现一致性。每一项的权重一般不要小于5%，否则对综合绩效的影响太微弱。为体现各指标权重的轻重缓急的不同，指标之间的权重差异最好也控制在5%以上。

◉ 第四步 确定 KPI 值

绩效计划中的指标值是用来衡量考核对象工作是否达到公司期望的参照标准，是确保绩效管理体系公平客观性的关键环节。绩效指标值针对绩效计划中考核的每一项内容而设立，包括 KPI 的目标指标、挑战指标。它由评估者和被评估者双方共同商定确立。

KPI 的指标值分为两个，一是目标指标，二是挑战指标，如表 3 - 1 所示。

表 3-1 目标指标和挑战指标

职 位	目标指标	挑战指标
打字员	■ 速度不低于 100 字/分钟 ■ 版式、字体等符合要求 ■ 无文字及标点符号错误	■ 速度超过 120 字/分钟 ■ 提供美观的版面设置 ■ 主动纠正原文中的文字错误
销售员	■ 月销售额不低于 6 万 ■ 正确介绍产品	■ 月销售额达到 8 万 ■ 对每位客户的偏好和个性进行分析，并为市场部门提供客户需求信息

目标指标是指正好完成公司对该职位某项工作的期望时，职位应达到的绩效指标完成标准。通常反映在正常市场环境中、正常经营管理水平下部门或单位应达到的绩效表现。目标指标的确定，可根据批准的年度计划、财务预算及职位工作计划，公司提出指导性意见，各级经理和员工共同商讨认同，按各级管理权限分别审核确认。

确定目标指标时，首先可参考过去相类似指标在相同市场环境下完成的平均水平，并根据情况的变化予以调整；其次可参照一些行业指标、技术指标、监管指标、国际指标，确定合理的水平；再次应参考为上级职位相关指标所设定的目标值，保证下级单位对上级单位目标值的分解；最后应结合本公司战略的侧重点，服务于本公司关键经营目标的实现。目标指标的设定，侧重可达到性，其完成意味着职位工作达到公司期望的水平。

挑战指标是评估者对被评估者在该项指标完成效果上的最高期望值。因此，挑战性目标值的内在含义可看做是对被评估者在某项指标上完成效果的最高期望。

设定挑战性目标时，要在基本目标设定的基础上，考虑实际工作绩效是否很容易在基本目标上下有较大波动，对波动性较强的指标，应设定较高的挑战性目标；反之亦然。

理论上讲，无论是目标指标，还是挑战指标，均应由评估者和被评估者来协商确定。指标值要在听取评估者和被评估者意见后，按管理权限审定。指标值每年核定一次。指标一经确定，一般不作调整。如遇不可抗拒因素等特殊情况确需调整，则由被评估者向评估者提出书面申请，并按规定程序审批。未获批准的，仍以原指标值为准。

在确定过程中，尤其要注意公平地为各职位设定指标，对相同类型的职位统一要求，尽量避免同样类型职位的指标值在相同情况下有高有低。对同样类型职位，其指标值的差异可以因自然条件、当地经营环境与企业资源多少产生，但不应由于个人能力与过去绩效水平不同产生差异。例如，不能由于某员工工作能力与管理水平高，就给其设定较高的目标值，造成对其衡量标准高于他人，所得绩效分值低于其应得的水平。

◉ 第五步　指标检验

作为绩效计划设计结束前的关键一步，要从横向、纵向两个方面检查设计是否维持了统一的标准。从横向上，检查相同单位、职务的 KPI 设定的选择和权重的分配等标准是否统一；从纵向上，根据公司战略及业务计划、职位工作职责描述，检查各上级的考核指标是否在下属中得到了合理的承担或进一步分解，能否保证公司整体发展战略目标和业务计划的实现。

◉ 第六步　制订能力发展计划

在制订了 KPI 之后，评估者和被评估者应该就被评估者如何达到绩效目标进行讨论，确定员工应该着重发展的能力领域以及希望实现的目标，并根据具体的目标设定相应的发展行动方案。

第三节　绩效计划的沟通技巧

前面我们已经谈到，绩效计划的制订过程是一个双向沟通的过程。这个

过程不仅是评估者向被评估者提出工作要求，还包括被评估者自发地设定工作目标。因此，非常强调员工的参与性，要求部门经理和员工之间必须进行持续沟通，可以这么说，员工参与程度的高低在很大程度上决定了绩效计划的成败。

有些管理者会认为“不就给员工制订计划、下任务嘛，干吗要那么费事，任务安排下去了，员工执行就是了。再说，让员工参与进来，大家都挑肥拣瘦的，我的任务怎么完成啊”。其实，这些人忽视了绩效计划的承诺性所带来的执行力和员工潜能的激发。在绩效计划制订的过程中，上下级是一种相对平等的关系，他们是共同在为业务单元的成功而作计划。

一般而言，员工才是最了解自己所从事的工作的人，员工本人是自己的工作领域的专家，因此在制订工作的衡量标准时应该更多地发挥员工的主动性，更多地听取员工的意见。对于部门经理担心的上级任务不能得到很好的执行和对任务挑肥拣瘦的问题，完全可以通过部门经理与员工的沟通来说服员工接受，并转变成自己的承诺。而且，员工在得到上级尊重的同时往往也会基于尊重、感激、理解、服从的因素而接受上级安排给的任务，不同的只是把告知性的任务下达方式，变成参与性的任务下达方式而已。

沟通前的准备

◉ 绩效知识和工具的准备

评估者要熟悉绩效管理操作手册的内容，并准备好相应的表单。

◉ 绩效信息的准备

这主要是企业、部门、个人的绩效信息的收集准备。如企业的战略发展目标和计划、年度的公司经营计划、业务单元的经营或工作计划、被评估者所处部门的目标和计划、被评估者个人的职责描述、被评估者上一个绩效期间的绩效评估结果等。这些信息主要可以分为以下三种类型。

第一种是关于公司的信息。为了使被评估者的绩效计划能够与公司的目标结合在一起，评估者与被评估者将就企业的战略目标、公司的年度经营计划进行沟通，并确保双方对此没有任何歧义。在进行绩效计划沟通之前，双方都需要重新回顾企业的目标，保证在绩效计划会议之前双方都已经熟悉了企业的目标。有人认为，关于整个企业的信息，只要高层的部门经理了解就可以了，其实对于员工来说，了解关于企业发展战略和经营计划的信息也是非常有必要的，而且对企业信息了解越多，就越能在自己的工作目标中保持正确的方向。

第二种是关于部门的信息。每个部门的目标是根据公司的整体目标逐渐分解而来的。不但经营的指标可以分解到生产、销售等业务部门，而且对于财务、人力资源部等业务支持性部门，其工作目标也与整个公司的经营目标紧密相连。如表 3 - 2 所示为部门工作目标与公司整体目标，两者紧密相连。

表 3 - 2　部门工作目标与公司整体目标

公司整体经营目标	1. 市场占有率扩展到 80% 2. 在产品的特性上实现不断创新 3. 推行预算，降低管理成本
人力资源部工作目标	1. 建立激励机制，鼓励开发新客户、创新、降低成本的行为 2. 在人员招聘方面，注重在开拓性、创新精神和关注成本方面的核心胜任素质 3. 提供开发客户、提高创造力、预算管理和成本控制方面的培训

第三种是关于被评估者个人的信息。这主要有两方面的信息，一是工作描述的信息，二是上一个绩效期间的评估结果。在被评估者的工作描述中，通常规定了被评估者的主要工作职责，以工作职责为出发点设定工作目标可以保证个人的工作目标与职位的要求联系起来。工作描述需要不断地修订，在设定绩效计划之前，对工作描述进行回顾，重新思考职位存在的目的，并

根据变化了的环境调整工作描述。

被评估者在每个绩效期间的工作目标通常是连续的或有关联的，因此，在制订本次绩效期间的工作目标之前，有必要回顾上一个绩效期间的工作目标和评估结果。而且，在上一个绩效期间内存在的问题和有待进一步改进的方面也需要在本次的绩效计划中得到体现。

沟通方式的选择

采取什么样的方式对绩效计划的内容进行沟通是很重要的问题，关系到沟通效果好坏。

绩效沟通需要考虑不同的环境因素，例如企业文化和氛围是什么样的，员工的特点，所要达成的工作目标和特点。如果希望借绩效计划的机会向员工做一次动员，那么，不妨召开员工大会。如果一项工作目标与一个小组的人员都有关系，那么可以开一个小组会，在小组会上讨论关于工作目标的问题，这样有助于在完成目标时小组成员之间的协调配合，而且在小组成员合作中对可能出现的问题会及早发现并得到及时的解决。

即便是采取部门经理与员工单独交谈的方式，也需要进一步考虑交谈的程序和所采用的表达方式。有的部门经理喜欢先向员工介绍公司未来的发展前景和计划，然后再讨论员工个人的工作目标；有的部门经理则喜欢请员工谈一谈个人未来发展的想法；有的部门经理则喜欢开门见山，直接与员工谈工作。这么多种方式并没有一定哪一种就一定更好，而是要根据具体的情况来选用。

为了真正实现绩效管理的目的，即达成企业的目标并使员工个人的绩效和能力得到提高，就必须在最初的绩效计划沟通时使员工了解绩效管理的目的，了解绩效管理对自己有什么样的好处，营造一种合作的氛围。否则，员工特别容易将绩效管理的重点集中在对绩效的评估方面，容易产生担忧和敌对的情绪。

结构化沟通过程

绩效计划的沟通过程不是千篇一律的，应根据公司和员工的具体情况而定，这里介绍的是最普遍的一种过程。

◉ 第一步　选择适宜的沟通时间和地点

首先，应该确定一个专门的时间用于绩效计划的沟通。最好是能预约时间，以便双方都做好充足的准备。其次，要选择合适的地点，适于双方安静地谈话。在沟通的时候气氛要尽可能宽松，不要给人太大的压力，把焦点集中在开会的原因和应该取得的结果上。上级主管应确保沟通全过程不被随意地取消或中断。如果能自始至终地对绩效计划沟通给以足够重视，下属自然也会慎重地对待这一过程了。

◉ 第二步　回顾有关的信息

在进行绩效计划沟通时，往往首先需要回顾一下已经准备好的各种信息，包括公司的经营计划信息、员工的工作描述和上一个绩效期间的评估结果等。

◉ 第三步　确定 KPI

在公司的经营目标基础上，每个被评估者需要设定自己的工作目标。然后针对自己的工作目标确定 KPI。KPI 的设定可以参考公司的绩效指标词典。

上级：既然我们的总体目标是把客户的等待时间减少到 3 天，那么你们部门处理订单效率的提升是第一步，也是非常关键的一步，你是怎么考虑的？

下属：我觉得我们可以将总的时间做一下分解，看看哪几部分的时间是

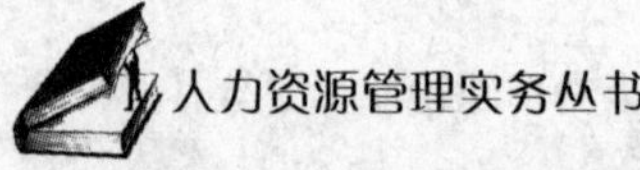

无法压缩的，然后再考虑可以压缩的时间进行压缩。我觉得我们这里如果新的订单处理系统投入运行，处理单位的订单时间可以减少到原来的三分之一。

上级：其实我们在做出减少到3天的决定之前就已经进行了测算，认为减少到3天是可能的。那么在你这里能不能确定一下从你们接到客户订单到将确认后的订单发送到商品部的时间不超过多少时间？你看定多长时间可行？

下属：我觉得3个小时比较合理。

上级：关于提供给商品部的信息方面，我也了解了商品部的一些要求，现在就跟你商量一下你看这些要求从你们的角度可以满足吗？

下属：我觉得如果新的订单处理系统投入使用，应该是可以满足的。

上级：看来有必要与技术部进行一次沟通，抓紧完成新的订单处理系统。我想因为系统还需要一段调试，我建议你们能不能和技术部、商品部一起开个会，确定一下行动的进程。

下属：好啊，那么谁来召集这个会议呢？

上级：这也正是我想要与你沟通的，以后我希望你们几个部门能够自己就存在的问题开会解决，必要的时候也让我听一听。不过，既然现在还没有这么做，那么这一次我来召集吧。

◉ 第四步　讨论上级主管提供的帮助

在绩效计划沟通过程中，主管还需要了解员工在完成计划时可能遇到的困难和障碍。主管对下属遇到的困难提供可能的帮助。

上级：你看，根据这样的目标，你觉得完成它有什么困难吗？

下属：主要是几名订单处理人员对新的操作系统还不够熟悉，需要接受培训，最好能尽快安排一次培训。

上级：好，我会让技术部来安排。

◉ 第五步　结束沟通

部门经理要感谢员工的参与，再次说明会议的重要性和作用，对会议的重点进行简单的总结，同时安排制作相关的文档和计划解决遗留问题的后续步骤。

说到这里，顾鸣鸣看到品质部的林经理向她示意要发言，于是伸手作了个请的姿势。

林经理说："你刚才谈到在目标设定时，主管必须与员工沟通，达成一致。可是实际工作中，经常是达不成一致。员工总觉得主管设计的目标值太高，可让他来报时，他报得很低，根本不符合企业要求，碰到这种情况怎么处理啊？"

"林经理这个问题提得很好，大家有什么建议？"顾鸣鸣把问题抛给大家。

"就不能听员工的。听他们的，任务肯定完不成。"销售部的杨经理首先亮出自己的观点。紧接着有附和声，但也有人摇头不同意杨经理的观点。在座的都是非常有管理经验的经理人，很快大家提出了很多建设性的意见，顾鸣鸣把大家的意见归纳如下……

上级主管与员工意见不一致时，怎么办

情形1：如果下属将绩效目标定得很低

解决方案：

- 了解员工制订低目标的真实原因
- 和员工讨论影响他们做出更好成绩的困难
- 在仔细思考困难和克服困难所需的资源后，重新评估员工制订的绩效目标是否真的太低
- 如果有条件，为员工提供额外资源或更多的援助，以帮助他们制订并实现更有挑战性的绩效目标

上级主管与员工意见不一致时，怎么办

情形2：如果下属提出的绩效目标过高

解决方案：

- 要求员工对行动计划进行更详细的解释
- 了解员工认为他能实现行动计划的真实原因
- 帮助员工分析，其是否对外部资源的要求过于乐观或脱离实际
- 赞赏员工完成更难绩效目标的勇气，向员工解释设置一个有挑战性但符合实际的绩效目标的重要性
- 与员工共同协商一个更符合实际的绩效目标

上级主管与员工意见不一致时，怎么办

情形3：如果下属不同意某个绩效目标，但这一目标对实现组织目标有重要作用

解决方案：

- 了解员工不同意的真实原因，对员工想法表示理解
- 向员工清楚说明个人绩效目标与组织目标的关系，说服其接受绩效目标，以符合企业发展的需要
- 如果有条件，为员工提供额外资源或更多的帮助

记住：对员工绩效目标负有最终责任的是上级主管，主管有权做最后的决定

建立个人绩效合约

可以用一种合约的操作方法来作好绩效计划，即把绩效计划书以与员工签订个人绩效合约的形式确定下来。通过这种形式严肃了计划的内容，把工作转化为合约的履行，强化了员工对上级的承诺，提高了绩效计划的执行力。

个人绩效合约既是一份任务书，也是作业指导书。合约中要明确

5W1H：What（计划完成的事情是什么），Where（在什么地方？有关部门和场所），Who（谁来实施？对谁活动？向谁报告？谁来跟踪），Why（为何要这样做？有充分的理由吗），When（什么时候开始？什么时候完成），How（怎样做：需要多大的精力和代价？有更好的方法吗？部门负责人要如何帮助员工完成他的工作？如何克服障碍？是否需要新技能？如何防止问题）。绩效合约明确地说明了月度计划内容及相应的绩效标准。通过此合约，每个人都知道自己的任务是什么，知道在期末将根据什么对他进行评估，明确自己应该为部门作哪些贡献。

在制订绩效合约的过程中，员工个人可以提出完成任务的想法、建议及遇到的困难等。这些谈话内容与结果也将在绩效合约的专栏中给予记录。这样，有利于员工与管理层之间的反馈与沟通，调动员工的积极性，促进工作的顺利开展。

个人绩效合约一般包含以下五个要素。

◉ 主要工作职责

实施绩效评估前，部门经理都要与员工一起做工作分析，明确分工职责。有些工作可能比较难以评估，但是绝对不能不评估，当一项工作被分为几部分时，评估工作就容易处理得多，被分解的职责或义务可以被逐条陈述。这些分工明确的责任就称作重要工作职责。它们不是目标，而是为明确目标做准备。每份工作可设置 3 ~5 个典型的重要职责。

◉ 目标

所设定的目标要切实可行，在员工的能力范围之内，而且预期的结果也要可以测量。一个完整的目标应包含以下内容：该完成什么工作？由谁来完成工作？何时能完成工作？要用到哪些资源？花费多少？

◉ 目标等级

为确定好的目标设置优先次序和等级，获得一系列阶段性目标，以确保

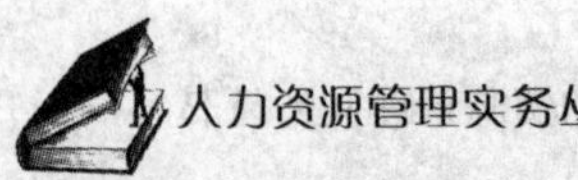

最重要的目标首先实施。

◉ 潜在障碍

合约实施过程中，各种障碍，无论是客观的或主观的都会影响到目标的实现。尽可能确认目前能预期的目标实现的障碍和克服障碍的方法至关重要。

◉ 行动计划

没有行动计划，目标就是空中阁楼。有效的行动计划应该包括以下内容：实现计划必需的行动、资源和设备，与计划相关的人员，考核的阶段或时间，可行的补救措施。

绩效计划的审定和确认阶段

经过这么多步骤，到了审定绩效计划已是制订绩效计划的过程的最后一步。要审定好绩效计划，应该注意以下两点。

首先，在绩效计划过程结束时，部门经理和员工应该能以同样的答案回答下列问题，以确认双方是否达成了共识。

（1）员工在本绩效期内的工作职责是什么？

（2）员工在本绩效期内所要完成的工作目标是什么？

（3）如何判断员工的工作目标完成得怎么样？

（4）员工应该在什么时候完成这些工作目标？

（5）各项工作职责以及工作目标的权重如何？哪些是最重要的，哪些是其次重要的，哪些是次要的？

（6）员工的工作绩效好坏对整个企业或特定的部门有什么影响？

（7）员工在完成工作时可以拥有哪些权力？可以得到哪些资源？

（8）员工在达到目标的过程中会遇到哪些困难和障碍？

（9）部门经理会为员工提供哪些支持和帮助？

（10）员工在绩效期内会得到哪些培训?

（11）员工在完成工作的过程中，如何去获得有关他们的工作情况的信息?

（12）在绩效期间内，部门经理将如何与员工进行沟通?

为什么一定要员工和部门经理对这些问题达成一致的意见?因为绩效计划的主要目的就是让企业中不同层次的人员对企业的目标达成一致的见解。绩效计划可以帮助企业、部门和个人朝着一个共同的目标努力，所以部门经理和员工是否能对绩效计划达成共识是问题的关键。如果所有的部门经理与员工的意见都能达成共识，企业的整体目标与全体员工的努力方向就会取得一致，这样才能在全体员工的一致努力下，共同达成企业的目标。

其次，绩效计划制订好后，应达到以下的结果。

◇ 员工的工作目标与企业的总体目标紧密相连，并且员工清楚地知道自己的工作目标与企业的整体目标之间的关系；

◇ 员工的工作职责和描述已经按照现有的企业环境进行了修改，可以反映本绩效期内主要的工作内容；

◇ 部门经理和员工对员工的主要工作任务、各项工作任务的重要程度、完成任务的标准、员工在完成任务过程中享有的权限都已经达成了共识；

◇ 部门经理和员工都十分清楚在完成工作目标的过程中可能遇到的困难和障碍，并且明确部门经理所能提供的支持和帮助；

◇ 形成了一个经过双方协商讨论的文档，该文档中包括员工的工作目标、实现工作目标的主要工作结果、衡量工作结果的指标和标准、各项工作所占的权重，并且部门经理和员工双方要在该文档上签字确认。

第四章

绩效实施

第二个周六下午，顾鸣鸣走进培训会议室。看大家基本到齐了，她开门见山：“上周我们讨论了绩效计划，会后我听一些同事说收获很多，对工作也有一定帮助。我很高兴没有做无用功，希望后面的研讨内容对大家都是有用的。今天讨论的是第二个环节——绩效实施。绩效实施阶段在整个绩效管理过程中处于中间环节，也是绩效管理循环中耗时最长、最关键的一个环节，是体现管理者和员工共同完成绩效目标的关键环节，这个过程的好坏直接影响着绩效管理的成败。这个阶段，作为评估者的上级主管主要有两个任务，一个是绩效辅导，一个是收集数据形成考核依据。下面还是由我先来做知识分享……”

第一节　上级主管如何开展绩效辅导

绩效目标设定以后，管理者的主要工作就是辅导帮助员工提高业绩操作能力，实现绩效目标。作为上级，辅导下属员工也是日常工作中最重要的职责之一，指导必须是经常性的而非一定要等到有什么问题发生的时候才进行。通过经常不断地指导能确保员工从一开始就能把工作做正确，这样可以省去大量花在等问题产生以后再去解决的时间，同时还能确保员工的工作结果符合企业的利益和客户的期望。

主管需要做的几项工作

第一项　了解员工的工作进展情况；

第二项　了解员工所遇到的障碍；

第三项　帮助员工清除工作的障碍；

第四项　提供员工所需要的培训；

第五项　提供必要的领导支持和智力帮助；

第六项　将员工的工作表现反馈给员工，包括正面的和负面的。

三种常用的辅导方式

◉ 方式1　具体指示

对于那些对完成工作所需的知识及能力较缺乏的员工，常常需要给予较具体的指示型的指导，将做事的方式分成一步一步的步骤传授并跟踪完成情况。

◉ 方式2　方向引导

对那些具有完成工作的相关知识及技能，但偶尔遇到特定的情况不知所措的员工，给予适当的点拨及大方向指引。

◉ 方式3　鼓励

对那些具有较完善的知识及专业化技能的人员给予一些鼓励或建议，以获得更好的效果。

辅导步骤

◉ 第一步　强调辅导的目的和重要性

用一种积极的方式来指导，强调员工的想法对此次讨论的意义。描述一下将要讨论的具体内容以及你为什么要讨论此项问题。

◉ 第二步　询问具体情况

利用此机会更多地收集真实的情况。你收集的情况越具体真实，你的指

导也就越有效。你可以用开放式问题来收集具体的信息，征求员工对此问题的认识及想法。最后总结一下你的理解以确认对所有事实已有清楚的了解。

◉ 第三步　商议期望达成的结果

在确认事实的基础上开始商议期望达到的结果是什么。可能是下属员工需有更多的投入，改进沟通技能或减少迟到等，确保这些理想的结果与完成已计划的绩效指标或工作目标紧密相关。双方对最终想获得的结果，有一个共同的认识是至关重要的。因为如果双方对想达到的结果意见不一致，就会对为达到结果所采取的有效工作方式产生分歧。最终完成目标的是下属人员本人。

◉ 第四步　讨论可采用的解决问题的方法

在对理想结果取得一致认可的基础上，开始讨论用什么样的方法来达到目标。这是指导的最终关键，你可以通过询问：

- 那你将采用什么方法来处理……
- 如果……你将怎么办；
- 如果……你将怎么说。

当有几种解决问题的方法时，开诚布公地讨论每种方法的利弊，尽量多地采用下属人员本人提出的方案，双方认可为达到理想的目标应采取的步骤和方法，确认双方都理解了将要采取的方法及步骤。

◉ 第五步　设定下次讨论时间

在结束讨论之前指定一个下次讨论的时间，以让下属人员感觉到你始终关注他这方面的改进情况。

中期回顾

最有效的绩效反馈形式是上下级人员间的中期回顾会议，这也是绩效管理系统中设置中期回顾的根本所在，即促使上级在百忙中抽出时间来与下属人员进行绩效沟通。会议中可讨论完成绩效指标或工作目标的进展情况，讨论个人行为方式或能力表现情况，讨论一个改进绩效或能力的行动计划。

中期回顾的目的与平时日常工作中经常性指导是相同的，可以理解为一次较正式的跟踪指导，提供必要的指导以确保他们能达到或超越既定的绩效指标及工作计划。绩效管理系统通常应该设置中期回顾，比如在年初计划了绩效指标或工作目标，180 天后有一次回顾，年末时综合绩效评估考核。

有效地进行中期回顾是表示上级帮助下级完成绩效指标或工作目标的诚意。上级人员并非担任一种裁判的角色来判别下属是否完成目标，而是承担了教练员的角色来帮助下属成功。为了保证年度绩效考核指标的实现，经理要定期了解员工绩效计划完成情况，根据管理幅度、工作运行周期和不同指标的特点，对绩效计划指标的进展区别不同情况实行日报、月报、季报或年报，并采取工作进度汇报分析会、指导会或书面通知等方法，使这项工作制度化、规范化。

绩效计划的目标调整

一般情况下，员工个人的绩效计划目标每年核定一次。一经确定，一般不作调整。如在计划执行过程中或绩效指导过程中发觉：由于公司业务发展计划的变更，组织结构的调整，市场外部环境的重大变化，或遇到一些不可抗拒因素等非个人主观因素，绩效目标确实难以完成，需要调整的，员工可以向经理人提出书面申请，由人力资源部组织有关职能部门重新审定，并经高层管理者批准后进行适当调整。未获批准的，仍以原指标为准。

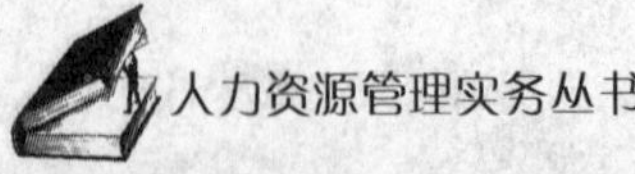

第二节　如何开展持续沟通

无论从员工的角度还是从部门经理的角度，都需要在绩效实施的过程中进行持续不断的沟通，因为每个人都需要从中获得对自己有帮助的信息。

这个阶段，沟通的目的主要有两个：

一个是员工汇报工作进展或就工作中遇到的障碍向主管求救，寻求帮助和解决办法。

另一个是主管人员对员工的工作与目标计划之间出现的偏差进行及时纠正。

员工与管理者共同确定了工作计划和评价标准后，并不是说就不能改变了。员工在完成计划的过程中可能遇到外部障碍、能力缺陷或者其他意想不到的情况，这些情况都会影响计划的顺利完成。员工在遇到这些情况的时候应当及时与主管进行沟通，主管则要与员工共同分析问题产生的原因。如果属于外部障碍，在可能的情况下主管要尽量帮助下属排除外部障碍。如果属于员工本身技能缺陷等问题，主管则应该提供技能上的帮助或辅导，辅导员工达成绩效目标。

同时，在这个阶段，员工有义务就工作进展情况向主管汇报。通过这种沟通，使主管能够及时了解员工的工作进展情况。主管有责任帮助下属完成绩效目标，对员工出现的偏差进行及时的纠正，尽早找到潜在的问题，以便在它们变得更复杂之前能够将其很好地解决。

沟通对主管的意义如下。

◇ 通过沟通帮助下属提升能力；

◇ 及时有效的沟通有助于主管全面了解被考核员工的工作情况，掌握工作进展信息，并有针对性地提供相应的辅导、资源；

◇ 及时有效的沟通是主管能够掌握绩效评价的依据，有助于主管客观公正地评价下属的工作绩效；

◇ 有效的沟通有助于提高考核工作的有效性，提高员工对绩效考核及与其密切相关的激励机制的满意度。

沟通对员工的意义如下。

◇ 可以在工作过程中不断得到关于自己工作绩效的反馈信息，如客户抱怨、工作不足之处或产品质量问题等信息，以便不断改进绩效、提高技能；

◇ 帮助员工及时了解组织的目标调整、工作内容和工作的重要性发生的变化，便于适时变更个人目标和工作任务等；

◇ 能够使员工及时得到主管相应的资源和帮助，以便更好地达到目标，当环境、任务或面临的困难发生变化时，不至于处于孤立无援的境地；

◇ 及时有效的沟通有助于员工发现自己上一阶段工作中的不足，确立下一阶段绩效改进点；

◇ 以有效沟通为基础进行绩效考评是双方共同解决问题的一个机会，是员工参与工作管理的一种形式。

有效的沟通不仅仅在于沟通的技巧，还在于沟通的方式。沟通有各种各样的方式，在绩效管理中采用的正式的沟通方式一般有书面报告、会议沟通和一对一面谈沟通等。

此外在部门经理与员工的沟通过程中，有一些平常没有引起部门经理注意的沟通方式，也就是绩效沟通中常说的“非正式沟通”，利用好了却能增强沟通的效果，作为好的部门经理应该充分利用各种各样的非正式沟通的机会。非正式的沟通方式几乎无处不在，可以说除了正式的沟通方式之外的沟通都可以叫做非正式沟通，有时采用这样的非正式沟通会给部门经理带来意想不到的效果，比如在工作的间歇、在午餐时、在咖啡厅里、甚至在路上，都是进行非正式沟通的场合。

每种沟通方式都有其优点和缺点，都有其适合的情境，因此在不同的情境下选用什么样的沟通方式对沟通效果是非常重要的。下面介绍几种沟通方式。

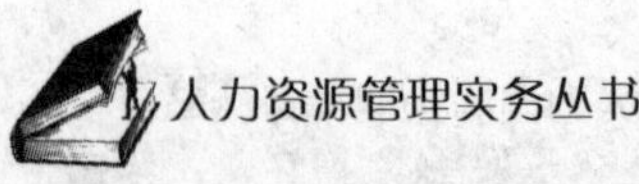

书面报告

书面报告是绩效管理中比较常用的一种正式沟通的方式，是员工使用文字和图表的形式向部门经理报告工作的进展情况、遇到的问题、所需支持以及计划的变更、问题分析等。

报告的形式包括五日进度表、工作日志、周报表、月报表、季度述职报告等，如表 4－1 所示。由于书面报告不用主管和员工面对面或者将人员集中起来，因此不会对主管和员工的工作时间安排造成很大困难，尤其当员工和经理不在同一地点时，定期报告制度是非常有效的沟通方式。

表 4－1　季度述职报告

第一部分：上一季度各项目标的完成情况
第二部分：存在的问题及其整改措施
第三部分：需要公司及各部门提供的支持
第四部分：下一季度主要工作目标及落实措施

主管通过批阅报告，可以迅速了解员工工作状况，同时这些报告本身就是数据记录的一种形式。主管在进行评价时可以直接从报告中获得大量的信息，不再进行额外的记录工作。而对员工来说，书面报告方式使得自己不得不认真思考工作中究竟存在什么问题，究竟应该如何解决这些问题等，所以还可以培养员工理性、系统地考虑问题，提高逻辑思维和书面表达能力。

但是由于书面报告一般仅是信息从员工到经理的单向流动，缺乏管理双方双向的交流，很容易使沟通流于形式。大量的文字处理工作也可能占用管理者大量的时间，使管理者陷入文山会海中，忽视了对现场管理的关注。因此统一设计的简明扼要的报告表格或报告很关键。

作为报告制的补充，管理者和员工的直接面谈或电话沟通等其他非正式沟通方式也很必要，尤其当出现了复杂的或难以解决的问题时。

会议沟通

鉴于书面的沟通无法提供面对面的交流机会，因此会议沟通具有了不可替代的优势。会议沟通可以提供更加直接的沟通形式，而且可以满足团队交流的需要。此外会议沟通的好处还表现在部门经理可以借开会的机会向全体下属员工传递有关企业战略目标和组织文化的信息。

会议沟通中需把握的原则：

- 注意会议的主题和频率，针对不同的员工召开不同的会议；
- 运用沟通的技巧形成开放的沟通氛围，不要开成批判会、训话会、一言堂、拌嘴会；
- 合理安排时间，以不影响正常的工作为宜；
- 在会上讨论一些共同的问题，不针对个人；
- 鼓励员工自己组织有关的会议，邀请部门经理列席会议。

要成功进行一次有效的会议沟通，需要做好准备与组织工作，在会议之前必须进行充分的准备。如果你作为一名部门经理，在员工的绩效期间内想要组织一次会议对员工的工作进展情况进行回顾，并制订下一阶段的行动计划，必须在会前做好多方面的准备。如表 4－2 所示。

表 4－2　会议沟通前需要做的准备

■ 会议主题的准备

在这次会议上主要讨论哪些内容？最后要达到什么样的目标？需要哪些员工参加会议？

■ 会议程序的准备

会议将以怎样的程序进行？

■ 会议时间的准备

了解与会者可能出席的时间，并计划整个会议过程中各个阶段所需要的时间。

■ 会议场地的准备

安排好适宜的场地，并保证该场地在会议期间不会被占用或打扰。

■ 会议所需材料的准备

准备好与会议内容有关的材料，例如员工的书面报告等。如果必要，可以从员工那里事先收集一些信息。

■ 准备会议中可能出现的问题

事先分析与会者的心理状态与需求，考虑他们在会议中可能会提出的问题或争议，准备好可选择的解决方案。

■ 让与会者做好准备

给予与会者必要的信息，使他们了解会议的主题，并告诉他们应该做哪些准备。这是非常必要但又容易被忽视的一个步骤，很多会议组织者都比较多的重视自己的准备，而忽视其他与会者的准备，其实，只有所有的与会者都做好了充分准备，会议才能取得良好的效果。

会议过程中的组织主要应该注意以下一些内容：在会议开始的时候，介绍会议的日程，使与会者了解会议全部的时间安排和规则。主管人员作为会议的主持人应该尽量多给员工发言的机会，力争做到真正发挥与会人员的智慧，不应将可能提出重要建议的员工从讨论中排除出去。当会议的讨论偏离主题时，主管人员应该及时将与会者的注意力拉回到与会议主题有关的内容上。不要急于在会议上立刻作出决策。注意制订会议结束后的行动计划。在即将结束会议的时候，回顾会议的全部内容，并重申会议上作出的决策，布置会议后应该作的工作。

还要做好会议记录。会议记录没有必要非常详细地记下每一个细节，只需记录与主题有关的重要内容。会议记录要在会议结束后比较短的时间内发给相关的与会者。涉及会议后的行动计划内容的，要注意写明行动的责任人和完成期限。

一对一面谈沟通

部门经理与员工进行一对一的面谈沟通是绩效辅导中比较常用的一种沟通方式。

一对一面谈方式的优点：

◇ 面谈的方式可以使部门经理与员工进行比较深入的沟通；

◇ 面谈的信息可以保持在两个人的范围内，可以谈论比较不易公开的观点；

◇ 通过面谈，会给员工一种受到尊重和重视的感觉，比较容易建立部门经理与员工之间的融洽关系；

◇ 部门经理在面谈中可以根据与员工的处境和特点，因人制宜地给予帮助。

当然面谈沟通的方式也有一定的缺陷，例如无法进行团队的沟通，容易带有个人的感情色彩等。

在绩效实施的过程中进行面谈沟通，应该注意以下问题。

◉ 力图通过面谈使员工了解组织的目标和方向

在面谈的过程中，不仅仅停留在员工个人所做的工作上，而是要让员工知道他们个人的工作与组织的目标有什么样的联系。这样有利于使员工做出与组织目标相一致的行为。

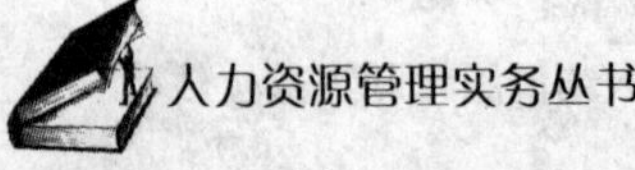

◉ 多让员工谈自己的想法和做法

部门经理应该借助面谈的机会更多地去倾听员工讲话，尽量去了解员工的真实想法，鼓励员工产生新的创意。

◉ 及时纠正无效的行为和想法

部门经理倾听员工的想法，并不等于对员工听之任之。当部门经理在面谈过程中发现员工有一些无效的行为和想法时，应该及时加以纠正和制止。

◉ 让员工认识到部门经理的角色

员工对部门经理在绩效管理中的角色有时会存在有偏差的看法，例如认为部门经理应该替自己做出决策，或者认为既然部门经理把目标分解给了我们，那么他们就不应该干涉我们的工作。在绩效管理的过程中，部门经理既不能对员工听之任之，也不能替代员工做出决策，而是更多的起到支持者和问题解决者的作用。

走动式管理

走动式管理是指部门经理在员工工作期间不时地到员工的座位附近走动，与员工进行交流，或者解决员工提出的问题。走动式管理是比较常用的也是比较容易奏效的一种沟通方式。有的员工说："我就特别喜欢老板不时地走到我的座位上，拍一下我的肩膀，对我问上句'怎么样'。"员工往往不喜欢老板整天坐在自己的办公室里，不与自己说一句话。部门经理对员工及时的问候和关心本身并不能解决工作中的难题，但足以使员工感到压力的减轻，感到鼓舞和激励。

但部门经理应注意，在这样的走动式管理过程中不要对员工的具体的工作行为过多地干涉，不要对他们指手画脚、评头论足，否则会给员工一种突然袭击检查工作的感觉，使员工容易产生心理压力和逆反情绪。

开放式办公

开放式办公主要指的是部门经理的办公室随时向员工开放，只要没有客人在办公室或正在开会的时候，员工可以随时进入办公室与部门经理讨论问题。我们可以看到，许多公司中部门经理的办公室是不设门的，只是用比较高的隔板隔开，这样做的目的是便于员工随时与其进行沟通。

开放式办公的方法比较大的一个优点就是将员工置于比较主动的位置上。员工可以选择自己愿意与部门经理沟通的时间，员工可以比较多地主导沟通的内容。绩效管理是部门经理和员工双方的职能，员工主动与部门经理进行沟通是他们认识到自己在绩效管理中的责任的表现，而且沟通的主动性增强也会使整个团队的氛围得到改善。

工作间歇时的沟通

部门经理还可以利用各种各样的工作间歇与员工进行沟通，例如与员工共进午餐，在喝咖啡的时候聊聊天。在工作间歇与员工进行沟通时，要注意不要过多谈论比较严肃的工作问题，可以谈论一些比较轻松的话题，例如昨天的球赛、烹饪技术等，在轻松的话题中自然而然地引入一些工作中的问题，而且尽量让员工主动提出这些问题。

非正式的会议

非正式的会议主要包括联欢会、生日晚会等各种形式的非正式的团队活动。非正式会议也是比较好的一种沟通方式，部门经理可以在比较轻松的气氛中了解员工的工作情况和遇到的需要帮助的问题。而且，这种聚会往往以团队的形式举行，部门经理也可以借此发现团队中的一些问题。

通过以上的几种非正式沟通方式的介绍，我们会发现，非正式沟通的形式是丰富多样而且非常灵活的，不需要刻意去准备，也不容易受到时间、空间的限制，且利用非正式沟通解决问题可以非常及时，因为在问题发生时，马上就可以进行非正式的沟通，这样可以使问题高效率地得到解决，而不必等到了我们计划好的时间再去解决。

对于员工来讲，无论何种形式的正式的沟通方式，都会让他们产生紧张的感觉，在表达的时候都会受到限制，很多真实的想法无法表达出来。而采用非正式的沟通方式则更容易让员工开放地表达自己的想法，沟通的气氛也更加宽松。所以说，非正式的沟通往往比较有效，因为员工特别喜欢接受这种方式，同时这种非正式沟通也更容易拉近部门经理与员工之间的距离。

第三节　收集和记录绩效信息

为什么要收集和记录员工的绩效信息

要力图做到客观、公正的绩效评估，需要依据什么来进行评估呢？自然是员工的绩效信息。所以，在绩效实施与管理的过程中一定要对被评估者的绩效表现作一些观察和记录，收集必要的信息。请注意这里用了“记录”和“收集”两个词，记录是指以部门经理为主体将有关员工绩效的行为记录下来，而收集则是指由其他人进行观察和记录，部门经理再从他们那里获取这些有关员工绩效的信息。因此，在绩效管理的实施过程中，有些人常常认为员工最忙碌，而部门经理则是把任务分派下去，自己就没有什么事情做了。其实，部门经理是有大量的事情需要做的，至少为了在绩效期满进行评估时能够拿出事实依据来，他们就会作大量的记录。

之所以要收集和记录员工的绩效信息，主要有以下几点原因。

◉ 提供绩效评估的事实依据

可以说，绩效实施与管理的环节是为下一个环节——绩效评估准备信息的，在绩效实施的过程中对员工的绩效信息进行记录和收集，是为了在绩效评估中有充足的客观依据。在绩效评估时，我们将一个员工的绩效判断为“优秀”“良好”或者“差”，需要一些证据作支持，也就是说我们依据什么将员工的绩效评判为“优秀”“良好”或者“差”，这绝对不是凭感觉，而是要用事实说话。这些信息除了可以作为对员工的绩效进行评估的依据，也可以作为晋升、加薪等人事决策的依据。

◉ 提供改进绩效的事实依据

我们进行绩效管理的目的是解决问题、改进和提高员工的绩效和工作能力，但要解决问题必须知道两件事，即存在什么问题和是什么原因引起了这个问题。假设当我们笼统地对员工说“你在这方面做得不够好”和“你在这方面还可以做得更好一些”时，员工可能不会在意，更不清楚如何改进。这时，我们应该结合具体的事实向员工说明其目前的差距和需要如何改进和提高。例如，部门经理认为一个员工在对待客户的方式上有待改进，他就可以举出员工的一个具体事例来说明。“我发现你对待客户非常热情主动，这很好，但是客户选择哪种方式的服务应该由他们自己作出决定，这是他们自己的权利。我发现你在向客户介绍服务时，总是替客户作决定，比如上次……我觉得这样做不太妥当，你看呢？”这样，就会让员工清楚地看到自己存在的问题，有利于他们的改进和提高。不仅指出员工有待改进的方面需要提供事实依据，即便是表扬员工时也需要就事论事，而不是简单地指出：“你做得不错。”

◉ 发现绩效问题和优秀绩效的原因

对绩效信息的记录和收集还可以使我们积累一定的突出绩效表现的关键事件。例如，记录绩效突出好的一些员工的工作表现和绩效突出差的员工的一些工作表现，可以帮助我们发现优秀绩效背后的原因，然后可以利用这些信息帮助其他员工提高绩效，使他们以优秀员工为基准，把工作做得更好。或者可以发现绩效不良背后的原因，是工作态度的问题还是工作方法的问题，这样有助于对症下药、改进绩效。

◉ 在争议仲裁中的利益保护

另外，保留翔实的员工绩效表现记录也是为了在发生争议时有事实依据。一旦员工对绩效评估和人事决策产生争议时，就可以利用这些记录在案的事实依据作为仲裁的信息来源。这些记录一方面可以保护公司的利益，另一方面也可以保护当事员工的利益。

数据收集的程序

人力资源部于每个月末或季度末给有关职能部门或下一级单位人力资源部下达书面通知，对数据收集提出具体要求，于每个月或季度末将员工绩效计划完成情况数据报有关业务管理部门审核，然后报人力资源部。

数据收集的角色分配

人力资源部负责组织数据收集并汇总；职能部门或相关业务部门负责业务指标的审计确认，保证数据的真实可靠，最后将审定后的数据报人力资源部。

收集信息的三种方法

由上可见，收集绩效信息是一项非常重要的工作。尽管数据收集需要时间和精力，但一旦你掌握了一定的方法和技术，每天只要花 5～10 分钟就可

以了。我们通常采用观察法、工作记录法或他人反馈法等来系统地收集与绩效有关的信息。

◉ 观察法

观察法是指主管人员直接观察员工在工作中的表现，并记录员工的表现。例如，一个主管人员多次看到员工上班时间打私人电话，或者看到一个员工在热情地帮助客户解决问题等，这些就是通过直接观察得到的信息。

◉ 工作记录法

员工的某些工作目标完成情况是通过工作记录体现出来的。例如，财务数据中体现出来的销售额数量、客户记录表格中记录下来的业务员拜访大客户的情况等，这些都是日常工作记录中体现出来的员工绩效情况。

◉ 他人反馈法

当员工的某些工作绩效无法通过直接观察，或者缺乏日常的工作记录时，可以采用他人反馈的信息。一般来说，当员工的工作是为他人提供服务时或者与他人发生关系时，就可以从员工提供服务的对象或发生关系的对象那里得到有关的信息。例如，对于从事客户服务工作的员工，主管人员可以通过发放客户满意度调查表或与客户进行电话访谈的方式了解员工的绩效；对于公司内部的行政后勤等服务性部门的人员，也可以从其提供服务的其他部门人员那里了解信息。

收集信息应注意的细节

无论我们采用何种方法进行绩效信息的收集和记录，我们都应该注意下面的一些细节。

◉ 细节一　重视从多种渠道收集绩效信息

绩效信息收集是一个绩效监控的过程，同时也是为考核收集证据的过程。

法律规定的证据包括书证、物证、视听资料、证人证言、当事人的陈述、鉴定结论、勘验笔录等多种形式。各种证据之间的证明效力并不相同，按照最高人民法院的规定，物证、档案、鉴定结论、勘验笔录或者经过公证、登记的书证，其证明力大于其他书证、视听材料和证人证言；证人提供的对与其亲属或者其他密切关系的当事人有利的证言，其证明力一般小于其他证人证言。

许多企业在劳动仲裁中让单位的员工作为证人或提供证言，但常常难以得到仲裁部门的认可。因为员工为企业提供劳动，领取报酬，员工和企业之间有一定的利害关系，当员工为企业提供有利证言时，其证明效力较低。由于举证的困难，故企业败诉率较高。在司法实践中，客户意见可以作为判定是否不能胜任的依据，而上级对下级的评估则难以为司法部门采纳。这就要求企业要注意通过不同的信息渠道获得绩效信息，尤其要注意通过第三方如客户、供应商来收集绩效信息。

值得注意的是，无论通过何种渠道，评价者与被评价者有着日常的、实质性的接触是非常重要的，而且尽可能地让一个以上的评价者各自独立完成同样的工作绩效评估，这样可以减少个人偏见和错误问题。在司法实践中，由单个评价者决定一项人事行为往往导致企业败诉。

◉ 细节二　绩效实施过程应当收集辅助材料

由于劳动争议中企业负有举证责任，所以企业在评估过程中应当尽可能收集可以作为证据使用的辅助材料，如员工的绩效报表、客户的投诉信函等。考核开始前可以要求员工提交任务报告或定期述职，所有报告应通过书面形式并有员工签字。业绩不佳的员工在业绩评估中可能会争辩、解释，企业可以要求员工用书面形式作解释辩解，也可以将解释辩解做成谈话记录要求员工签字确认，这些都可以作为争议处理时的证据使用。

◉ 细节三 让员工参与收集信息的过程

作为部门经理，不可能每天八小时都盯着一个员工观察，因此部门经理通过观察得到的信息可能不完全或者具有偶然性。那么，教会员工自己做工作的记录则是解决这一问题的一个比较好的方法。员工都不希望部门经理拿着一个小本子，一旦发现自己犯了错误就记录下来，或者将错误攒在一起到绩效评估的时候一起算账。我们需要反复强调一个观点就是，绩效管理是部门经理和员工双方共同的责任。因此，员工参与到绩效数据收集的过程中来就是体现员工责任的一个方面。而且，员工自己记录的绩效信息比较全面，部门经理拿着员工自己收集的绩效信息与他们进行沟通的时候，他们也更容易接受这些事实。

但值得注意的是，员工在作工作记录和收集绩效信息的时候往往会存在有选择性地记录和收集的情况。有的员工倾向于报喜不报忧，他们提供的绩效信息中体现成就的会比较多，而对于自己没有做好的事情，则持回避态度。所以，当部门经理要求员工收集工作信息时，一定要非常明确地告诉他们收集哪些信息，最好采用结构化的方式，将员工选择性收集信息的程度降到最小。

◉ 细节四 要把事实与推测区分开来

收集的绩效信息应是事实的汇总，而不应收集对事实的推测。我们通过观察可以看到某些行为，而行为背后的动机和情感则是通过推测得出的。如果说“他的情绪容易激动”，这是对事实的推断得出来的，事实可能就是这样，因为“他与客户打电话时声音越来越高，而且用了一些激烈的言辞”。部门经理与员工进行绩效沟通的时候，也是基于事实的信息，而不是推测得出的信息。

◉ 细节五 做好书面文档保留和确认

在绩效信息的收集和记录过程中，部门经理不但要注意观察员工的行为

表现，而且还要及时形成书面文档，要注意保留与员工沟通的结果记录，必要的时候，请员工签字认可，以避免在绩效评估的时候出现意见分歧。

企业应当要求员工在绩效考核的文件上签字确认，这样证明员工对绩效考核的结果予以认可。不过考核结果不佳的员工常常拒绝在考核结论上签字，对此企业可以将绩效考核的过程分为事实调查和性质认定两个环节，在绩效数据收集完成之后无须立即得出考核结论。企业可以先要求员工对收集回来的具体事实和数据予以签字确认，在员工确认基本事实后，企业再依据员工确认的事实得出是否胜任的考核结论。

做书面文档的一个最大的好处是使绩效评估时不出现意外，使评估的结果有据可查，更加的公平、公正。

◉ 细节六　严格审查收集到的数据

为保证数据采集结果的真实性和可靠性，对上报的考核指标数据必须严格审查、审计，也可采取个别谈话、征求客户意见、审查工作报告、调阅有关材料和数据、听取监督部门意见等方式，对所采集的数据进行核查，发现数据与事实不符或有舞弊行为的，要及时采取措施予以更正。需要平衡调整的，按程序报批。对出现的虚报浮夸、弄虚作假等问题要及时进行调查核实，凡情况属实的，要采取果断措施，及时予以纠正处理。

第五章

绩效评估

又一个周六下午，部门经理绩效管理培训的第三堂课，除了销售部杨经理出差以外，其余人都来了。这在公司以往的培训史上还是不多见的。顾鸣鸣一边打开PPT，一边心中暗自庆幸：多亏赢得了公司高层的重视，否则这些部门经理怎么能这么配合。

“今天下午咱们讨论的是绩效管理流程中的第三个环节——绩效评估。大家可能认为对这个内容不陌生。昨天，还有同事跟我说，绩效评估有什么好培训的，不就是按照考核表给员工打分嘛。其实，没有这么简单。以往在座的经理们都给员工打过分，但是大家有没有想过：分数打出来是否科学有效？是否没有大的争议？是否让员工心服口服呢？”说到这，顾鸣鸣停顿了一下，看看大家的反应，“从咱们公司过去的考核工作情况，关于绩效评估的结果，争议并非不存在，员工就分数问题和部门经理争吵的事情也发生过。为什么会这样？从绩效评估这个环节来看，评估者的来源、评估误差以及评估方法的选择不当是主要问题。下面我们主要针对这三个方面进行讨论……”

第一节　谁来充当评估者

要想使评估有效进行，必须确定好由谁来实施评估，也就是确定好评估者与被评估者的关系。通常来说，获得不同的绩效指标的信息需要从不同的主体处获得。应该让对某个绩效指标最有发言权的主体对该绩效指标进行评价。评估关系与管理关系保持一致是一种有效的方式，因为直接上级对被评估者的绩效最有发言权。当然，直接上级也不可能得到被评估者的全部绩效指标，还需要从其他方面获得信息。

有些企业将直接上级、同事、被评估者本人、下属、客户同时纳入评估行列，也即目前较为热门的360°评估（如下图所示）。360°评估确实不失为减少评估中偏误、提高评估的准确性的好方法。但是360°评估的过程比较复

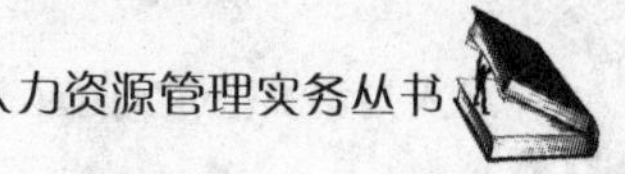

杂，所引起的资源耗费也比较大；对于有些企业或有些岗位，实施360°评估有一定的难度，特别是让参与评估积极性不高的外部客户参与评估有较大的难度。不过应该尽量做到评估者多元化，以减少由直接上级一人进行评估而造成偏误。

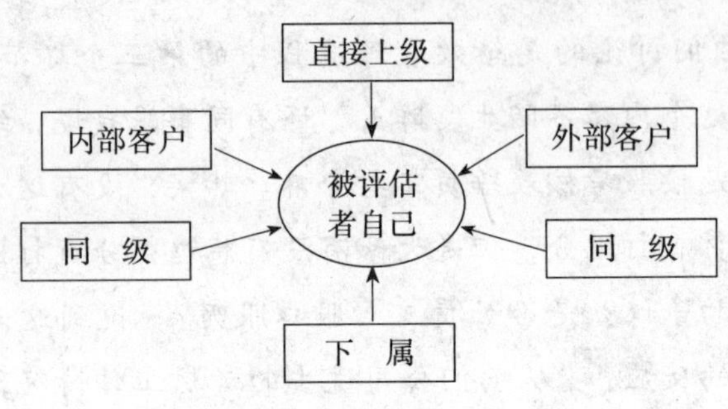

360°评估示意图

在实行评估者多元化时，有必要聘请外界人事专家或专门评估机构帮助企业评估员工，外界人事专家或专门评估机构有专门的技术和经验，并且无个人利害关系，产生偏误的可能性较小。聘请专家或专门机构参与评估的缺点是成本较高，专家或专门的评估机构对被评估的专业可能不在行。

在选择评估者时，有三个方面的要求：

第一，评价者应该有足够长的时间和足够多的机会来观察员工的工作情况。

第二，评价者有能力将观察结果转化为有用的评价信息，并且能够最小化绩效评价系统可能出现的偏差。

第三，评价者有能力提供真实的员工业绩评价结果。

评估者候选人之一：直接上级

直接上级对员工的行为是否符合组织的期望以及工作目标完成的情况最有发言权，而且评估下属的绩效也是每个管理者不可推卸的责任。此外，上

级还对员工的成长与发展负有责任，在评估下属的绩效的同时也为制订下属的培训发展计划打下了基础。局限在于并非员工所有的工作活动都暴露在上级的视线内，员工很多时候是在独立工作，或者在与其他人打交道，因此上级对员工绩效的了解也是有限的。上级对员工的评估有时也可能不够公正，这可能是由于上级往往是一些重要的人事决策，如加薪、奖金发放、职位变动等的主要决定者，因此有时可能会更多考虑在部门内部的平衡，另外上级在与员工交往的过程中也可能形成某些偏见。

评估者候选人之二：同事

同事通常是员工在工作中合作机会最多的人，因此同事最适合评估的是员工的合作精神。同事有很多机会观察被评估者，对其工作态度、工作能力等很多方面都可以作出客观的评估，同事参与到对员工的评估中本身就是对员工工作表现的一种促进，员工知道自己将要被别人观察和评估时，往往会付出更多的努力。同事评估有时会受到个人情感因素、关系因素等影响而带有主观性，或者碍于面子都给出不错的评价，不愿指出别人的缺点和不足。另外，如果一个部门中员工人数较多，每个人都对其他人进行评估时，操作起来比较麻烦。

评估者候选人之三：下属

如果一个被评估者的大部分工作都是在领导的直接管理下开展的，那么下属对其管理有效性的评估将是非常有必要的，下属比较适合评估上级的领导艺术和管理行为、公正性等方面。在一个缺乏开放、民主的组织文化的组织中，下属在评估上级的时候可能会有所保留，害怕被报复、“给小鞋穿”而不敢指出上级的缺点。因此，评估最好采用匿名形式。

评估者候选人之四：客户

有些员工的工作产出是直接提供给客户的，那么客户对该员工所提供的工作产出是否满意以及对该员工在与客户打交道时的行为表现是否满意，对被评估者和整个组织是非常重要的。但是，有时客户提出的要求也不一定完全合理，当客户不合理的要求被员工拒绝时，客户可能会由于情感因素而对员工作出负面评估；有时员工牺牲组织利益满足了客户的需求，客户的满意度较高但是却使组织的利益受到损害。

评估者候选人之五：被评估者自己

使用自我评估的方法，好在提升员工自我意识，使员工更好地认识到自己的优点和不足，同时还有助于发现员工在自我认识和对绩效评估认识上的问题，以及识别出员工自身的培训和发展需求。

在以上众多的候选人中，直接上级和被评估者自己入选评估者名单的几率最高。目前大多数企业采用的是上级评估和员工评估相结合的方式。也就是说，首先让员工进行自我评估，然后上级主管再进行评估，最后的评估结果由被评估者和上级主管进行沟通确定，并在员工绩效评估表（如表 5－1 所示）上签字。

在实行评估者多元化时，要选择对被评估者情况最为了解的几个评估者，需要注意的是不同的评估者的评估结果应赋予不同的权重系数，然后加权平均各评估者的评估结果。一般情况下，直接上级最熟悉自己下属的工作，而且对评估的内容通常也较为熟悉，并且有机会观察他们的工作情况，比较了解他们的工作能力和工作态度，所以在实行多元评估时主管一般都被赋予较高的权重系数。

表5－1 员工绩效评估表

工作目标	绩效标准	完成情况	个人评分	主管评分
1	1			
	2			
2	1			
	2			
	3			
3	1			
	2			
4	1			
	2			
	3			
5	1			
	2			
评估意见	员工：		主管：	

第二节 减少绩效评估的误差

一个好的绩效评估系统确实有助于提高管理者的决策水平，改善企业员工的工作绩效和职业素质，提高企业的绩效水平和管理水平，促进企业战略的实施和目标的实现。但在现实中即使有一套良好的绩效评估系统，却往往因为评估者造成的偏误，影响了绩效评估的公正性，严重地削弱了绩效评估应起的作用。有调查显示，在绩效评估失败的10个主要原因中，有关评估者的原因多达7条（如表5－2所示）。因此，评估者在做绩效评估时要时时提醒自己避免一些不好的倾向（如表5－3所示）。此外，绩效评估的组织者也要充分认识到绩效评估中存在的误差，并及时进行纠正（如表5－4所示）。

表 5－2　绩效评估失败的 10 个主要原因

- 评估者缺乏有关员工实际工作情况的信息
- 评估员工工作的标准不明确
- 评估者没有严肃地对待评估
- 评估者没有对评估工作做好充分的准备
- 评估者在评估过程中不诚实
- 评估者缺乏评估技能
- 员工没有得到反馈
- 没有足够的财力以奖励工作优秀者
- 没有对员工的发展做充分的讨论
- 评估者在评估过程中使用不清楚/含糊的语言

表 5－3　评估者自检表

你有没有以下倾向	采用以下补救措施
对某人行为的原因或动机作出不正确的猜测	收集硬性指标数据并针对每一个人建立清晰的绩效目标
用一个员工的绩效与其他人的工作业绩作比较	始终关注个体并把注意力集中在他工作方法的独到之处
把别人的绩效考核建立在与你自己相似的基础上	针对该员工所有工作的目标和标准来测评绩效
片面地考核某员工的绩效	记录下所有在考核期内的绩效
过分关注最近期绩效	把绩效分为若干小的期限并考核所有数据信息
以你的第一印象对某员工作出评估	同时关注对方如何进一步发展
仅仅因为他们完成了考核就对其作过分褒奖的评价	记录下在整个考核期内该员工的绩效
因为有很大的消极影响而过分强调单个不良绩效	在已设立的目标和措施的基础上进行测评并注意到哪怕是很小的业绩
对每个人都过于严格以求达到更高的绩效标准	员工达到或超过标准时，实事求是地表示关注和赞赏

表5-4 评估者自我测验

请选择你自己惯常运用的评估员工方法：由“从没如此”至“经常如此”，程度分1、2、3、4四级	
	1 2 3 4
1. 为自己和下属订立工作表现指标	□□□□
2. 下属有出色的表现时会予以表扬	□□□□
3. 以公正持平的态度评估下属的工作表现	□□□□
4. 工作出现偏差，会调整个中方法和程序	□□□□
5. 评估工作表现时，会以事实作根据	□□□□
6. 在评估前已界定工作表现的标准	□□□□
7. 认真检查下属的处事方式并加以改善	□□□□
8. 鼓励下属表达意见及建立预期目标	□□□□
9. 没有使用限制性问题，如只回答一及二，或判断性语句，如“你不该……”	□□□□
10. 进行评估前，已完成资料收集，并让员工有所准备及选择合适的讨论时间和地点	□□□□
结果分析： 若答案偏向3至4，表示你的评估技巧已照顾到员工的切身需要，并力求在评估的过程中不偏不倚地反映员工表现 若答案分布在1、2或3，代表你需要调整现时的工作评估方式，包括避免工作目标模糊，让下属了解工作的期望，以客观的意见给予员工评价	

对评价标准的理解误差

由于评估者对考评指标的理解的差异而造成误差。同样的标准，但不同的评估者对这些标准的理解会有偏差；同一个员工，对于某项相同的工作，甲评估者可能会选“良”，乙评估者可能会选“合格”。

解决办法：修改考评内容，让考评内容更加明晰，使能够量化的尽可能量化。这样可以让评估者能够更加准确地进行考评；避免让不同的评估者对相同职务的员工进行考评，尽可能让同一名评估者进行考评，员工之间的考评结果就具有了可比性；避免对不同职务的员工考评结果进行比较，因为不同职务的评估者不同，所以不同职务之间的比较可靠性较差。

光环效应误差解决办法

当一个人有一个显著的优点的时候，人们会误以为他在其他方面也有同样的优点。这就是光环效应。在考评中也是如此，比如，被评估者工作非常积极主动，评估者可能会误以为他的工作业绩也非常优秀，从而给被评估者较高的评价。

解决办法：在进行考评时，被评估者应该将所有评估者的同一项考评内容同时考评，而不要以人为单位进行考评，这样可以有效地防止光环效应。

趋中误差解决办法

评估者倾向于将被评估者的考评结果放置在中间的位置，就会产生趋中误差。这主要是由于评估者害怕承担责任或对被评估者不熟悉造成的。

解决办法：在考评前，对评估者进行必要的绩效考评培训，消除评估者的后顾之忧，同时避免让与被评估者不熟悉的评估者进行考评，可以有效防止趋中误差。

近期误差解决办法

由于人们对最近发生的事情记忆深刻，而对以前发生的事情印象浅显，所以容易产生近期误差。评估者往往会用被评估者近一个月的表现来评判一个季度的表现，从而产生误差。

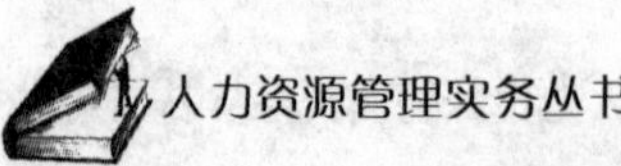

解决办法：评估者每月进行一次当月考评记录，在每季度进行正式的考评时，参考月度考评记录得出正确的考评结果。

个人偏见误差解决办法

评估者喜欢或不喜欢（熟悉或不熟悉）被评估者，都会对被评估者的考评结果产生影响。评估者往往会给自己喜欢（或熟悉）的人较高的评价，而对自己不喜欢（或不熟悉）的人给予较低的评价，这就是个人偏见误差。

解决办法：采取小组评价或员工互评的方法可以有效地防止个人偏见误差。

压力误差解决办法

当评估者了解到本次考评的结果会与被评估者的薪酬或职务变更有直接的关系，或者惧怕在考评沟通时受到被评估者的责难，鉴于上述压力，评估者可能会作出偏高的评价。

解决办法：一方面要注意对考评结果的用途进行保密，另一方面在考评培训时让评估者掌握考评沟通的技巧。如果评估者不适合进行考评沟通，可以让人力资源部门代为进行。

完美主义误差解决办法

评估者可能是一位完美主义者，他往往放大被评估者的缺点，从而对被评估者进行了较低的评价，造成了完美主义误差。

解决办法：首先要向评估者讲明考评的原则和操作方法，另外可以增加员工自评，与评估者考评进行比较。如果差异过大，应该对该项考评进行认真分析，看是否出现了完美主义错误。

自我比较误差解决办法

评估者不自觉地将被评估者与自己进行比较，以自己作为衡量被评估者的标准，这样就会产生自我比较误差。

解决办法：将考核内容和考核标准细化和明确，并要求评估者严格按照考评要求进行考评。

盲点误差解决办法

评估者由于自己有某种缺点，而无法看出被评估者也有同样的缺点，这就造成了盲点误差。

解决办法：同上面自我比较误差的解决方法一样。

第三节　绩效评估方法的比较和选择

评估方法按其发展的顺序一般可分为原因方式、体系方式和行为方式三种。原因方式是用非正式的判断，来评判个人的特质与工作绩效的关系，现在几乎所有的企业都已经舍弃了这种方法，只将特质评估应用于员工个人发展的自我诊断上。系统方式是按既定的计划，定时地按照特定的形式对下属加以评估，这种方式对于所有的人员都是采用同一种标准，因此可以横向比较其结果，而过程的记录也可以对一些如升迁、加薪、解雇等人事决策提供更有力的情报，同时员工也可以通过评估的结果，了解到上级对他的要求，进而引导和激励员工改进其工作绩效。行为方式最重要的特点是由上级与下属共同建立目标，而不是完全由上级指定，评估时所重视的是被评估者的贡献，而不是个人的特质。

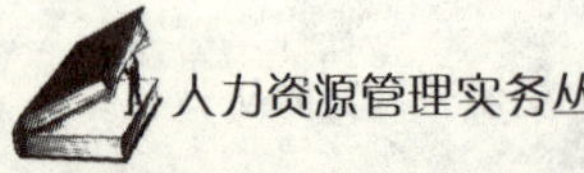

下面我们具体来介绍三类评估方法：比较法、行为法、结果法（如表5－5所示）。

表5－5　常用三类绩效评估方法

比较法	行为法	结果法
排序法 强制分布法 成对比较法	关键事件法 行为锚定等级评价法 行为观察评价法	目标管理法 生产率衡量与评价系统法

比较法

主要是要求评价者拿一个人的绩效去与其他的人进行比较。当绩效管理系统的目标主要是为了区分员工的绩效的时候，那么，绩效衡量的比较法无疑是一种有效的工具。具体方法有：排序法、强制分布法、成对比较法。

行为法

这是一种试图对员工为有效完成工作所必须表现出来的行为进行界定的绩效管理方法，是一种非常有效的绩效评价方法。第一，它可以将公司的战略与执行这种战略所必需的某些特定的行为类型联系在一起。第二，它能够向员工提供关于公司对于他们的绩效期望的特定指导以及信息反馈。第三，大多数行为法的技术都依赖深度的工作分析，因此被界定出来以及被衡量的行为都是很有效的。第四，由于使用这一系统的人也参与该系统的开发和设计，因此其可接受性通常也很高。最后，由于要对评价者进行大量的培训投资，因此这些技术也是相当可靠的。

结果法

这是一种能将员工的绩效结果与企业的战略和目标联系在一起的评价方法。由于它所依赖的是客观的、可以量化的绩效指标，因而能够将主观性减少到最低限度。这样，对于管理者和员工双方来说都是极容易接受的。但缺点是，即使是客观绩效衡量，有时也会受到污染或存在缺失。

排序法

其分为简单排序法和交错排序法。在实行简单排序法的情况下，评价者将员工按照工作的总体情况从最好到最差进行排序。

交错排序法是简单排序法的一个变形。评价者在所有需要评价的员工中首先选出最好的员工，然后选出最差的员工，将他们分别列为第一名和最后一名；再从余下的员工中选择出最好的员工作为整个序列的第二名，选择出最差的员工作为整个序列的倒数第二名；以此类推，直到将所有员工排列完毕，就可以得到对所有员工的一个完整的排序（如表 5－6 所示）。

表 5－6　公司销售部员工绩效评估排序

销售业绩		团队合作		问题解决能力		工作效率	
名次	姓名	名次	姓名	名次	姓名	名次	姓名
1	李明	1	甄丹	1	刘华	1	李明
2	刘华	2	谢峰	2	李明	2	刘华
3	甄丹	3	刘华	3	甄丹	3	俞文
4	谢峰	4	李明	4	俞文	4	甄丹
5	俞文	5	俞文	5	谢峰	5	谢峰

强制分布法

为了避免由于大多数员工都得到比较高的等级而没有真正把绩效优秀的员工区分出来，于是对各个等级的人数比例作出限制。一般来说，各个等级的比例分布应该是接近正态分布的。比如，有 5 个等级“优秀”“良好”“合格”“略有不足”“急需改进”，按强迫分布法设定的比例为 5%、20%、50%、20%、5%（如表 5－7 所示）。

表 5－7　正态分布

等级	优秀	良好	合格	略有不足	急需改进
比例	5%	20%	50%	20%	5%

强迫分布法的比例规定只是一个对总体比例的控制，具体到各个部门，可以有一定的上下浮动。例如，有的部门可能只有几个人，很难要求他们严格地按照比例分布来评定。另外，如果部门的业绩完成情况较好时，部门内员工被评定为较高的绩效等级的比例相对比较高（如表 5－8 所示）。

表 5－8　趋高分布

等级	优秀	良好	合格	略有不足	急需改进
比例	5%	30%	60%	5%	0%

相反，如果部门整体的业绩完成情况不好时，那么部门内部的员工被评定为较高绩效等级的比例相对比较低（如表 5－9 所示）。

表 5－9　趋低分布

等级	优秀	良好	合格	略有不足	急需改进
比例	0%	10%	40%	30%	20%

成对比较法

对评价者根据某一标准，将每一员工与其他员工逐一进行比较，并将每一次比较中的优胜者（用“+”表示）选出，最后，根据每一员工净胜次数的多少进行排序（如表 5－10 所示）。

表 5－10　运用成对比较法对员工销售业绩评估

	刘华	谢峰	俞文	李明	甄丹
刘华		-	-	+	-
谢峰	+		-	+	+
俞文	+	+		+	+
李明	-	-	-		-
甄丹	+	-	-	+	
名次	2	4	5	1	3

关键事件法

关键事件法是客观评价体系中最简单的一种形式。在应用这种评价方法时，负责评价的主管人员把员工在完成工作任务时所表现出来的特别有效的

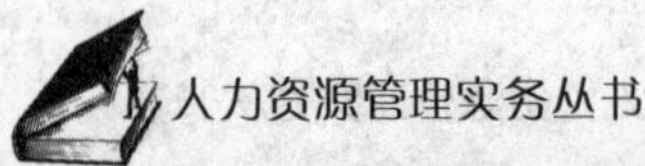

行为和特别无效的行为记录下来，形成一份书面报告。评价者在对员工的优点、缺点和潜在能力进行评论的基础上提出改进工作绩效意见（如表5－11所示）。

表5－11　运用关键事件法对工厂助理管理员进行绩效评估

负有的职责	目　标	关键事件
安排工厂的生产计划	充分利用工厂中的人员和机器；及时发布各种指令	为工厂建立了新的生产计划系统；上个月的指令延误率降低了10%；上个月提高机器利用率20%
监督原材料采购和库存控制	在保证充足的原材料供应前提下，使原材料的库存成本降低到最小	上个月使原材料库存成本上升了15%；“A”部件和“B”部件的订购富余了20%；而“C”部件的订购却短缺了30%
监督机器的维修保养	不出现因机器故障而造成停产	为工厂建立了一套新的机器维护和保养系统；由于及时发现机器部件故障而阻止了机器的损坏

行为锚定等级评价法

行为锚定等级评价法是一种将同一职务工作可能发生的各种典型行为进行评分度量，建立一个锚定评分表，以此为依据，对员工工作中的实际行为进行测评级分的考评办法（如表5－12所示）。行为锚定等级评价法实质上是把关键事件法与评级量表法结合起来，兼具两者之长。

表 5-12 部门经理工作活动的组织能力行为锚定评价

等级	关键事件
9	有计划地工作，周密地组织，以发挥每个人的潜力，能认真履行自己的职责
8	虽说他还提出了另一个项目的方案，但他仍能认真准备
7	实施目前的项目能按期提出报告
6	如果说到期仍有其他报告也要上交，就有可能不认真履行职责，降低本报告的水平，匆匆完成
5	对大部分工作能周密组织，具有计划性，但通常忽略细节问题
4	因为承担了过多活动的责任，所以考评结果可能不反映其能力水平
3	会议常常迟到，虽说在同样情况下，在别人看来，准时到达并不困难
2	缺少计划性，虽说工作很努力，但常超期完成任务，方法也无章可循
1	从未制订过工作期限，未给以足够重视

行为观察评价法

行为观察评价法是行为锚定等级评价法的一种变异形式。与行为锚定等级评价法一样，行为观察评价法也是从关键事件中发展而来的一种绩效评价方法。

行为观察评价法与行为锚定等级评价法在两个基本方面有所不同。首先，行为观察评价法并不剔除那些不能代表有效绩效和无效绩效的大量非关键行为。其次，行为观察评价法并不是要评价哪一种行为最好地反映了员工的绩效，而是要求管理者对员工在评价期内表现出来的每一种行为的频率进行评价。

目标管理法

目标管理法是员工与上司协商制订个人目标（比如生产成本、销售收

入、质量标准、利润等），然后以这些目标作为对员工评估的基础。

为使目标管理法取得成功，企业应该将目标管理计划看成是管理体系的一个组成部分，而不单单是经理人员工作的附加部分。经理人员必须将制订目标的权力下放给员工，给员工自行决断的自由。以下几点提示可能对经理人员有所帮助：

- 经理人员和员工必须愿意一起制订目标；
- 目标应该是长期和短期并存，且可量化和可测量；
- 预期的结果必须在员工的控制之中，因为我们先前曾提及可能会有标准被污染的情况；
- 目标必须在每一个层次（高级管理人员、经理人员和员工）上保持一致；
- 经理人员和员工必须留出特定的时间来对目标进行回顾和评估。

生产率衡量与评价系统法

生产率衡量与评价系统法的主要目标是激励员工向着更高的生产率水平前进。它是一种对生产率进行衡量以及向全体员工提供反馈信息的手段。

生产率衡量与评价系统法主要包括四个步骤：

第一，企业中的人共同确定企业希望达到什么样的产出以及执行或达成何种系列活动或目标。

第二，大家一起来界定代表产出的指标有哪些。

第三，大家共同来确定所有绩效指标的总量联系的各种总体绩效水平。

第四，建立一套反馈系统，来向员工和工作群体提供关于他们在每一个指标上所得到的特定绩效水平的信息。

最后，总体的生产率分数可以在对每一指标上的有效得分进行加总计算的基础上获得。

绩效管理作为当今人力资源管理的研究热点，发展非常迅速，在传统的评估方法上派生出了很多新方法、新理念，但是万变不离其宗，最重要的还是要对这些传统的评估方法有一个全面的认识，不要小看这些方法，如果不能充分理解这些评估方法的优缺点，就很难在实际运用中扬长避短。

虽然绩效评估的方法有很多，但是一个好的评估方法必须具有较高的客观性和区分性，这就要求企业要根据实际情况进行选择和运用。在实践中，大多数企业通常是将几种工作评估工具综合使用。如采用目标管理法和行为锚定评估法对工作目标和行为目标进行界定，在部门经理进行评估时，又有强制分布法进行约束与规范，最后在评语部分要求采用关键事件法，对员工工作过程中的行为进行说明。

第六章 绩效反馈

周三上午，顾鸣鸣从办公室出来，迎面碰到刚刚出差回来的销售部杨经理。

杨经理随口问了一句："小顾，这个周末怎么又安排了绩效管理培训，你们上周不是都讲完了吗?"

"刚讨论完绩效评估，接下来该是绩效反馈面谈。"

"面谈？有啥可谈的，把评估结果一公布让员工自己看不就行了。多此一举啊……"看到杨经理不以为然远去的背影，顾鸣鸣意识到这次培训的内容需要好好准备。

周六下午两点，各部门经理陆续到达。顾鸣鸣看到杨经理也来了，坐在最后一排，正在埋头看手里的一沓文件。

等到各部门经理已就位，顾鸣鸣开门见山："上次我们讨论了绩效评估的操作流程。评估结果出来后，接下来还有一项非常重要的工作要做，这就是绩效反馈面谈。有些部门经理可能会想，面谈不就是找下属谈话嘛，都是平常很熟悉的下属，自己最拿手了，有什么难的啊？其实不然，谈什么，怎么谈？还是有很多技巧的。我们先来看一段录像。看看这里面的经理在面谈中出现了哪些问题。"

（播放录像）

> 经理："小王，有时间吗?"
>
> 员工："什么事儿，经理?"
>
> 经理："想和你谈谈关于你年终绩效的事情。"
>
> 员工："现在？要多长时间?"
>
> 经理："嗯……就一小会儿，我9点还有个重要的会议。哎，你也知道年终大家都很忙，我也不想浪费你的时间。可是人力资源部门总给我们添麻烦，总要求我们这样那样的。"
>
> 员工："……"

经理："那我们就开始吧，我一贯强调效率。"

于是员工就在经理堆满文件的办公桌的对面，不知所措地坐下来。

经理："小王，今年你的业绩总的来说还过得去，但和其他同事比起来差了许多，但你是我的老部下了，我还是很了解你的，所以我给你的综合评价是3分，怎么样?"

员工："经理，今年的很多事情你都知道的，我认为我自己还是做得不错的，年初安排到我手里的任务我都完成了呀，另外我还帮助其他的同事做了很多的工作……"

经理："年初是年初，你也知道公司现在的发展速度，在半年前部门就接到新的市场任务，我也对大家做了宣布的，结果到了年底，我们的新任务还差一大截没完成，我的压力也很大啊!"

员工："可是你也没调整我们的目标啊?!"

这时候，秘书直接走进来说："经理，大家都在会议室里等你呢!"

经理："好了好了，小王，写目标计划什么的都是人力资源部门要求的，他们哪里懂公司的业务！现在我们都是计划赶不上变化，他们只是要求你的表格填得完整、好看，而且，他们还对每个部门分派了指标。其实大家都不容易，再说了，你的工资也不错，你看小张，他的基本工资比你低，工作却比你做得好，所以我想你心里应该平衡了吧。明年你要是做得好，我相信我会让你满意的。好了，我现在很忙，下次我们再聊。"

员工："可是经理，去年年底评估的时候你答应……"

经理不再理会员工，匆匆地和秘书离开了自己的办公室。

(录像播放结束)

顾鸣鸣："这个面谈是不成功的，哪位同事能谈谈，问题出在哪里?"

坐在前排的品质部林经理说："我看有两点，一是面谈时间没有提前预约，二是目标的设定和调整没有经过协商。"顾鸣鸣点点头，然后看着其他人："还有吗?"

"我感觉这个经理在评估时没有数据和资料支持，给员工3分，3分怎么来的？主观性太强了。"生产部的李经理补充了一句。

看到大家不再低声议论，都等着她来说，顾鸣鸣总结道："正如大家看到的，由于经理缺乏准备，所谈内容缺乏根据，面谈流于形式，没有达到应有的效果。不难看出，这个谈话之所以不成功，主要存在这样几个问题：一、考核的着眼点是关注过去，不重将来；二、针对人，评价性格；三、气氛严肃；四、感到突然；五、缺乏资料、数据的支持；六、凭主观印象；七、单向沟通。为了做个比较，咱们接下来再看一段录像。"

(播放录像)

经理："小王，今天咱们花1个小时左右的时间来对你这一年中的绩效情况做一个回顾。在开始之前，我想还是请你自己谈一谈我们做绩效评价工作的目的是什么？看看你是怎么理解的，看看我们的理解是否有不一致的地方。好，你先谈吧!"

员工："我自己是这么理解的，不知道对不对？我认为绩效评价主要是为了发现我自己在哪些方面做得好，哪些地方做得不够好，今后还需要加强，我觉得这对我今后的工作很有帮助。"

经理："你说的基本正确。做绩效评价一方面是为了肯定你的成绩和优点，并对你的业绩给予实事求是的回报；另一方面，也是为了找出你的差距和今后进一步发展的空间。通过业绩的评定，我可以发现今后如何为你的发展创造条件以及如何利用你的优势为组织作出更大的贡献。

既然我们的出发点都是一样的，那么下面我们来看一看这次绩效评估的评分标准，我们必须首先对打分的标准有一致的意见，才谈得上讨论后面对每一个项目的打分。

我们的打分标准是分成ABCDE五个等级。C等就是合格的标准，会有比较多的人在这个等级上，而做得比较好、优良就是B等，只有极少数的能达到A等，那真是特别出类拔萃的。"

员工："我在有的项目上可能给自己打分高了。"

经理："好，那我们就来逐项地讨论一下吧。你先说一下自己的每项工作完成得怎么样，给自己打分的依据是什么？"

员工："我的第一项工作目标是完善大客户管理规范，我觉得我这项工作完成得很好，在规定的时间之前就完成了，而且有了这个规范，现在的大客户管理比以前顺畅多了。所以我给自己打A。"

经理："不错，我承认你这项工作完成得很好，但我觉得这个规范中还有一些不尽完善的地方需要进一步完善，所以我认为达不到A这样的等级，可以打B。可能我打分过严的缘故。"

员工："是的，我同意你的意见，也觉得B更合适些，我开始给自己打的分太高了。"

经理："接下去……"

员工："我的第二项工作目标是关于团队建设的，这是我在这段时间花费精力比较多的一件事情，我觉得通过我的调整和组织，不仅完成了销售额，而且还没有增加人手，为公司节省了人工成本，所以给自己打A。"

经理："让我再想一想，我原来给你打的是B，可能对你太苛刻了。好吧，这一项就以你的为准吧，打A。接着说后面的。"

员工："关于销售额方面，现在的大客户已经达到32个，销售额在2.7亿元，客户保持率在85%，因此这一项我觉得是超出了工作标准的，我给自己打了B。"

经理："这一项没有太多可说的，我跟你的观点一致，因为这是有客观事实依据的。"

员工："最后一项是关于建立大客户数据库的，由于这件事情是企划部负责做的，我们部门只是配合的作用，我觉得我们还是配合得比较好的，因此我给自己打了个B。"

经理："我已从企划部的同事那里听说，这次做数据库你给了他很大的帮助，提供了大量有用的信息和建议，还在你自己的工作很忙的情况下，抽出时间来支持他，我觉得这样做是非常好的，这种团队合作的精神是应该鼓励的，因此，我给你在这一项上打了A。”

员工：“谢谢领导的鼓励。”

经理：“最后的总和等级我给你的是B，你看有什么意见吗?”

员工：“没有意见。”

经理：“下面我们来讨论一下你的主要优点和不足的地方，以及你今后的发展问题。你先自己谈谈吧！”

员工：“我觉得我的主要优点是做事情比较认真、投入、负责，对待同事、下属都比较热情，跟人合作的能力比较强。我的弱点就是有时做事计划性不够好，不够细心。我今后的发展方向是想成为一个全面的管理者。”

经理：“我觉得你还有一个最大的优点就是凡事能够从整个组织的大局出发考虑问题，而不是局限在自己的小部门。另外，你的一个有待提高的方面就是如何做一个管理者，你现在是很多事情都由你亲自去做，一个好的管理者应该善于调动别人的力量去完成工作，在这方面你还需要再加强一些。我觉得你具有做管理者的才干和潜能，因此你做一个全面的管理者的理想我觉得是可行的。”

员工：“谢谢领导。”

经理：“好。现在我们来回顾一下今天谈话的内容，首先我们对本次绩效评价的结果达成了一致的意见，然后回顾了你在这一年中的工作绩效，接下去讨论了你的主要优缺点和今后的发展目标。我想，我们今天谈话的主要目的已经达到，那么，回去以后希望你自己制订一个明年的工作计划，我们另找一个时间再进行交流。谢谢你！”

（录像播放结束）

“很明显，这位经理在面谈前做了充分的准备，面谈的内容有理有据，面谈的节奏也把握得很好。最后和员工达成了一致意见。可以说是一次成功的面谈。看来，绩效反馈面谈还是有很多学问的……”

说到这，顾鸣鸣用眼瞟了一下杨经理，发现他已经放下手中的文件，正非常认真地听着。

“好，那么今天下午我们就来讨论一下绩效反馈面谈应该怎么做。”顾鸣鸣一边说着一边打开了自己精心准备的PPT。

第一节　绩效反馈面谈达到的目的

为什么要做绩效反馈面谈？其实反馈就如一面镜子，让人可以看到自己。通过反馈，让被评估人知道自己到底做得怎么样，在同事眼中、在上级心目中是个什么样子；通过反馈，员工知道上级的评价和期望，从而根据要求不断提高；通过反馈，使上级了解员工的业绩和要求，有的放矢地进行激励和指导。一个企业如果只做评估而不将结果反馈给员工，评估便失去它极重要的激励、奖惩与培训的功能，使绩效管理收效甚微。

一般而言，在绩效反馈面谈结束后，至少应能达成四个方面的目的。

◉ 目的1　对员工的工作绩效，面谈双方能够达成一致

对同一件事或同一个人，不同的人会有不同的看法，即使是同一个人从不同的角度看，也可能得出不同的结论。这点我想可能大部分人会深有感触，但是要说让上下级就员工的绩效达成共识，可能很多上级会觉得不可思议，他们总是认为谁不想找理由为自己说话，谁不想自己的绩效成绩越高越好呢。就是因为这些原因，我们必须通过深入的、客观的沟通，确定双方都认可的基准，达成一致的看法，才能制订下一步的绩效改进计划。

◉ 目的2　能明确指出被评估者的优缺点所在

绩效反馈面谈的一个很重要的目的就是使员工认识到上级领导已经注意

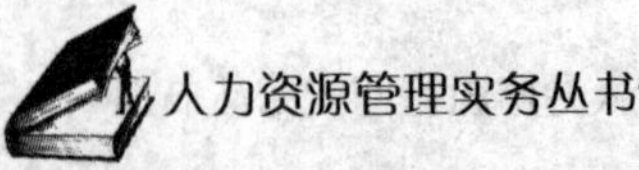

到自己的成就和优点，并且论功行赏，从而对员工起到积极的激励作用。员工所做出来的成绩必须得到上级的肯定，这样从员工心里来看就会觉得自己的付出得到承认，从而满足“被尊重”“自我实现”的需要，这样就能更好地激发他的工作热情。当然对于员工的不足之处，或者在今后工作仍可提高的方面，都要在绩效反馈面谈中指出，并引导员工接受。

◉ 目的3 就被评估者的某项缺点或不足制订绩效改进计划

上下级双方坐下来进行面谈，可以充分地交流下级的不足和改进机会，上级可以对员工如何改进绩效谈谈自己的建议和指导性意见，下级可以说说自己的绩效改进计划，并且可以提出自己需要的条件和上级应提供的帮助与支持，这样最终制订改进绩效的方法和具体的计划。而这是很多上级管理者容易忽略，或是以下级应该自己去想办法解决问题为借口而没去做的事。

◉ 目的4 在双方沟通的基础上，谈好下一个评估阶段被评估者所要达到的绩效标准

上一个绩效评估阶段的完成，就标志着下一个绩效评估阶段的开始。所以，在进行绩效反馈面谈时，可以参照上一阶段的执行结果和面谈中制订的绩效改进计划，讨论下一个评估阶段的绩效目标。这样既保证了绩效评估的连贯性，不会使下级把面谈仅仅是看成为对自己的批判或是简单结果告知，又使下一阶段的评估目标具有较强的针对性。

绩效反馈面谈所要达到的四个目的，也就是绩效反馈面谈所该做的事情。清楚了该做的事情，接下来便是如何去做的问题。当然，这么多的功效仅仅通过一次简短的面谈就达到是比较困难的。特别是在实际操作中，一次绩效反馈面谈的时间不宜太长，而且对于制订绩效改进计划的执行结果，也需要在一段时间后，再次举行绩效反馈面谈加以确认，因此最好能够计划2～3次的面谈。特别要指出的是在绩效反馈面谈中，应把更多精力花在讨论未来要做的而不是以往已经做的，毕竟未来比过去更加重要，当然这样的讨论必须是建立在对过去表现讨论的基础上。另外，绩效反馈面谈应做到对事

不对人，将焦点置于以数据为基础的绩效结果上，先不要责怪和追究员工的责任与过错，尽量不带威胁性；其次是谈具体，避一般，不要做泛泛的、抽象的一般评价，要拿出具体结果来支持结论，援引数据，列举实例；最后通过双向沟通，找出绩效较差的原因，共同商量制订相应的改进计划。

第二节　面谈前需要做的准备

企业进行绩效反馈的途径有很多种，可以是采用书面的、电话等方式，但其中最直接、最有效的是直接上级与下级之间就下级的绩效评估结果进行面谈。而这常常是很多部门经理不愿意做的事情，特别是碰到绩效差的下属，更是不知如何是好。其实，运用面谈的方式，不但可以准确地将绩效评估的结果告知下级，更重要的是，在面谈中，上级与下级可以面对面地交流，双方可以针对评估结果，共同讨论研究制订出改进的方案。面谈时间毕竟有限，要想在短短的时间和员工充分沟通，必须在事先准备好。有一家很著名的公司就规定上级主管在绩效反馈面谈前必须做好准备工作，并详细列出了查检的项目（如表 6－1 所示）。

表 6－1　某公司绩效反馈面谈查检项目

计划阶段
■ 安排面谈时间并提前 10 天到 2 个星期通知员工
■ 要求员工在面谈前准备有关的自我评估、工作目标、发展计划等
■ 清楚地宣布这将是正式的年度绩效评估
准备面谈
■ 整理并回顾一整年的工作记录。重点放在有所改进的工作模式上
■ 准备一些高于或低于平均水平的典型事例
■ 如果绩效符合或高于期望值，决定如何巩固；如果绩效低于期望值，决定如何改进
■ 评估结果作出后，放置一旁两三天后再复核
■ 按照企业绩效评估体系规定的步骤执行

（续表）

执行面谈
■ 选择一个舒适的、不易被打搅的、适合坦率和公正地面谈的地点
■ 每次重点谈一个问题，考虑这个问题的正反两方面
■ 会谈应该是特别的和描述性的，不应为普遍的或判断性的。应报告发生的情况而不要作出评价
■ 讨论面谈双方的不同观点并加以解决，争取使评估结果达成一致
■ 共同讨论和设计正确的成长和发展计划
■ 维持一个专业的和正确的评估讨论方法

其实反馈面谈的准备工作不仅仅限于上级部门经理，下级的准备同样很重要，让我们分别从上级部门经理和下级两个角度来看该如何做好准备事项。

上级要做的准备项目

◉ 项目1 收集、整理被评估者的绩效考评结果和日常工作表现记录

很多部门经理会认为面谈的对象是自己直接领导的下级，对他的情况应该很清楚，但是通过绩效反馈面谈就会发现，自己了解得还很不够。同时，通过面谈的机会，更多更深入地了解下级，不仅对绩效评估，对于今后的日常管理也大有益处。

再次仔细翻阅下级的绩效评估表，从中找出面谈的内容和侧重点，例如，哪些问题需要改进，奖励的比例以及面谈的工作项目。

收集、整理、认真阅读下级平时的工作记录、职位说明书、绩效目标等相关资料，这些是绩效评估的依据，也是面谈中当下级提出异议时的有力证据。

同时，还应该收集员工个人资料，包括员工的工作能力、工作意愿、嗜好、性格特征等，这样才能在面谈时提出适合员工的个人发展计划，才可以采取有针对性的面谈策略和技巧，加强面谈的效果。

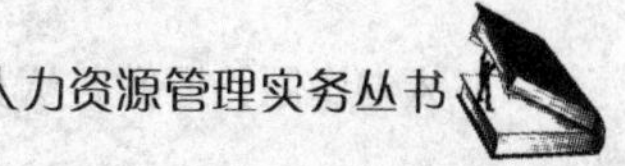

还要准备好绩效面谈表，以便做好面谈记录，如表 6－2 所示为绩效面谈记录表。

表 6－2　绩效面谈记录

部门：________　面谈双方：________

面谈具体时间：____年____月____日____时至____时

1. 对员工在本评估期内所完成的工作的全面回顾及客观评价（含工作内容、进展与成效、不足与改进意见、工作成果评价、未完成的工作内容及原因分析等）

2. 员工在下一个评估期的工作目标、工作计划/工作安排、工作内容或上级期望（本部分可由员工先考虑，面谈中再由双方进行修改确认）

3. 为更好地完成本职工作和团队目标，员工在下一阶段需要努力和改善的绩效，直接主管的期望、建议、措施等

4. 员工对部门（公司）工作的意见/建议、不满/抱怨、工作/生活/学习中的烦恼和困难、希望得到的帮助/支持/指导

5. 以上面谈提纲中未涉及的其他面谈内容

员工签字（我同意面谈内容）：________

直接主管签字（我同意面谈内容）：________

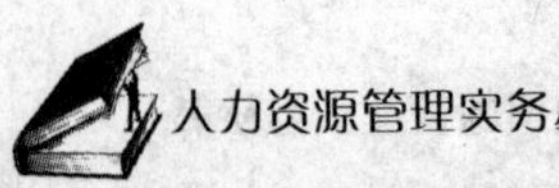

◉ 项目2　确定面谈时间

面谈时间的选择是非常重要的。如某位经理在周一安排下属小李在下午4:30进行绩效反馈面谈，但是恰巧那天是小李女朋友的生日，他早在上午就在设计着晚上为女友过生日的事了，这下临时安排要绩效反馈面谈，而且是在靠近下班的时间，小李心想这下可能又要被延迟下班了，担心约会迟到，面谈中，他一门心思就想着如何尽快结束谈话，脑子中更多的是约会的场景。在这种状况下进行反馈面谈，结果可想而知啊，只能是草草收场。

所以说，在进行面谈前双方要约定一个对彼此都合适的时间，往往是先由部门经理提出1~2个可选时间，再征得员工同意。在这段时间里，面谈双方要能够不受其他事情的干扰，静下心来，充分进行交流。并且面谈的时间不宜太长，时间太长容易让人产生疲劳感，影响面谈效果，一般1~2个小时为宜。

◉ 项目3　选择和布置面谈的场所

面谈场所的选择也是关系到反馈面谈有效性的因素。最理想的面谈地点是在中立性的场所，如会议室。场所要让双方都感到舒适。会谈时要关上房间的门，保证会谈的保密性，让员工没有心理负担，畅所欲言。

场所布置也是有讲究的，布置好了，可以让面谈的气氛更加融洽。反之，则会影响面谈的效果。绩效反馈面谈是双方的交流沟通，在开始面谈前要采取措施杜绝电话和访客的干扰，确保谈话不会被打断。同时，双方座位的选择也是要注意的。切忌双方采用隔着办公桌坐的方式，这种面对面的谈判式的入座方式，容易造成双方的对立感和拉开彼此距离。桌椅的摆放可参照下图，营造出较亲近友好的气氛。如果还有咖啡或茶那就更好了。

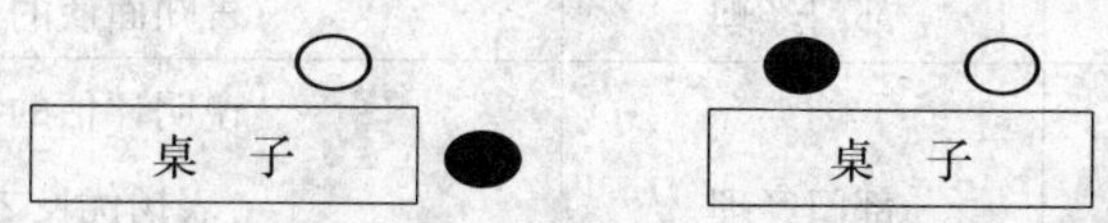

绩效反馈面谈桌椅布置

◉ 项目4 计划好面谈的方式

好的面谈方式有利于面谈的顺利进行，一般采用的方式有以下几种。

(1)“汉堡”法。上级先谈下级的优点，再指出其在工作中需要改进的地方，最后双方一起制订改进计划。

(2) 上级先说。直接从评估表入手，逐项讨论，先说出自己的观点，然后征求下级的意见，没有与对方达成一致意见之前不进行下一项。

(3) 下级先说。上级提出自己的观点之前，先要下级说出自我评估的结果。

(4) 采用讨论的方式，上级和下级轮流发言。

采用何种方式依照情形而定，没有固定的模式，目的都是为了彼此能取得一致的看法。

◉ 项目5 事先准备好面谈内容和顺序

面谈时“脚踩西瓜皮，滑到哪儿算哪儿”，这样只会使我们的面谈处于无序状态，结果是该谈的没谈到，或该重点交流的被简单带过。因此，认真规划面谈的内容和顺序是非常有必要的。可准备一份面谈内容和顺序的表格，内容如表6－3所示。

表6－3 绩效反馈面谈的内容和顺序

面谈步骤	实 施 者	内 容
暖场	部门经理	建立信赖的气氛 慰劳员工的辛劳 使员工放松心情
进入主题	部门经理	告知面谈的目的
告知评估结果	部门经理	说明评估的结果 表扬优良之处 指出不足之处

（续表）

面谈步骤	实 施 者	内　　容
请员工发表意见	员工	专心倾听 鼓励员工发言 对照员工自评表
讨论沟通	部门经理与员工	讨论评估结果与员工自评的差异 讨论不同点
制订下期工作目标	部门经理与员工	设定改进项目 设定下期工作目标 目标必须具体、可行、量化 尽量达成一致，避免发生争议
确认面谈内容	部门经理与员工	确认讨论后的结果 双方在绩效评估表上签字
结束面谈	部门经理	表示感谢 积极的方式结束 肯定员工的努力 对员工高期待以激励员工

◉ 项目6　计划好面谈结束的方式

考虑好以什么方式，在什么时候结束面谈。面谈的结束方式非常重要，往往面谈的结尾部分能够给人留下较为深刻和持久的印象。所以根据面谈所要达到的目的，预先想好一个有力的结尾，会在很大程度上强化面谈的作用。

◉ 项目7　提前通知被评估者

上级在进行绩效反馈面谈准备工作，很重要的一项是提前将面谈时间通知被评估者，内容包括面谈的时间、地点、目的和内容，这样才能让被评估者有足够的时间来做好准备。一般情况下，上级应至少提前一周通知被评估者，使其有足够的时间对自己的工作进行自评和反省。

下级该做的准备项目

◉ 项目1

收集与先前绩效有关的资料，包括工作行为及成就的详细资料，对于某些未完成或做得不正确的工作也应找出理由和原因。

◉ 项目2

如果部门经理要求进行自我评价，应事先做好一份自我评估表。参照期初制订的目标逐个进行自我评估和反省，以便在面谈时与上级的评估对比。

◉ 项目3

准备好个人的发展计划。上级与下级进行绩效反馈面谈，除了对过去的绩效进行总结评估外，更重要的目的是今后的绩效和员工未来的发展。如果员工能在面谈中主动提出自己的发展目标和计划，而不是被动地由上级为其制订发展计划，这样制订出来的计划将更适合自己，有利于自己的发展，而且这种做法本身就是工作主动性的表现，也是上级所期望看到的。

◉ 项目4

分析自己工作中存在的问题，并搜集需要在面谈时提出的问题和意见，以及需要上级部门经理给予的帮助和提供的条件，尽可能细化。绩效反馈面谈是一个双向交流的过程，不但上级可以向下级发问，下级也可以向上级发问。

◉ 项目5

安排好面谈时间。在面谈之前上级已经就面谈时间与下级进行商量，并

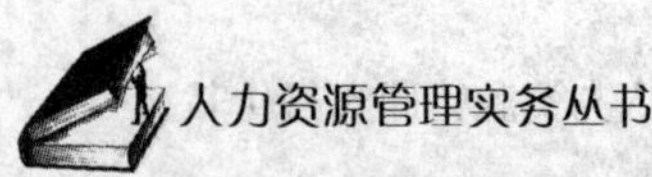

提前通知了下级。为了确保在面谈过程中不受到干扰，使面谈得以顺利进行，下级应事先把自己离岗时的工作安排妥当。

第三节 面谈过程中的技巧应用

如何开个好头

有些经理面谈开始后喜欢直奔主题，结果往往使双方陷入紧张的气氛中，使面谈的效果大打折扣，甚至可能出现一场“压力式”面试的场景。而如果有个融洽的氛围，面谈双方就能顺利愉快地进行交流和沟通。因此，在开场的时候就要注重营造融洽的气氛，在正式开始面谈之前，先谈一些与面谈目的关系不大的内容，如果两个人有相同的爱好，或者刚有一些重大的事情发生，但时间不宜过长，否则会减少绩效面谈的时间，然后自然过渡到正题。

面谈过程做到“六要”

◉ 一要清楚地说明面谈的目的

清楚地让下属明白此次面谈要做什么。尽可能使用积极的语句，如：“今天面谈的目的是希望我们能一起讨论一下你工作的成效，并希望我们能有一致的看法，肯定你的优点，也找出哪些地方有待改进。接着我们要谈谈你的未来及我们怎样合作，更好地达成以后的目标。”

◉ 二要鼓励下属说话

面谈一定要是双向的沟通。有些下属会迫不及待地发表意见，但有些却因为害羞或者是畏惧不敢说。建立信任的气氛有助于消除这种僵局。有些情况下，部门经理必须提出具体的问题才能让下属说话，而有些情况下，用不着多少鼓励，他们就能无所拘束地发表意见。

◉ 三要避免对立及冲突

虽然双方能表示不同的见解，但部门经理需避免造成对立及争辩的场面。虽然双方都清楚管理者的权威较大，很可能会以一胜一负的局面收场。但是，部门经理的这种胜利代价太大，因为它可能破坏了下属对部门经理的信心，而使他们决意不再与部门经理开诚布公地沟通。如果演变成这种情况，面谈就难以达成其目的，甚至有害无益。始终保持自由开放的谈论，能达成双方获胜的结果而满足彼此的需要。

◉ 四要集中在绩效，而不在性格

绩效面谈，重点应该放在绩效上面而不在个人的性格方面。但这并不是说部门经理全然不提态度、诚实、可靠、进取等，而是说这些品格唯有在与绩效相关联时才值得一提。

◉ 五要集中在未来而非过去

这也并不是说过去的事全然不谈，而是将重点摆在过去的经验对未来有益的方面。

◉ 六要优点与缺点并重

每一个员工都有有待改进的地方，也都有优点，千万不要把这一点给忽略了。要能认清下属优点并使其继续发扬，同时也要讨论到应该改进的工作。

以积极的方式结束面谈

该停止时立即结束，就算预定的面谈目标还未达成也只能先结束，待下

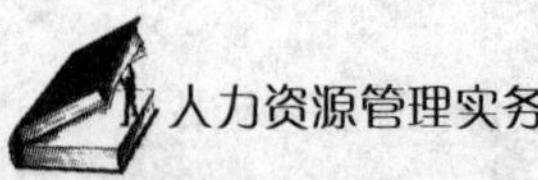

次继续。这是面谈过程中很重要的一点，当面谈该结束时，无论谈话进行到什么程度都要结束。例如，被评估者出现了倦意，彼此信任瓦解了，部门经理或下属急着要去其他的地方，下班的时间到了，有急事要打断，或者谈话陷入僵局。否则不但会影响到这一次的面谈效果，还会使对方产生厌恶心理，以至于影响到下一次的面谈效果。

面谈结束时，部门经理应该以积极热情的态度总结一下已经讨论并达成共识的事项；对员工的参与表示赞赏，强化对未来计划的承诺。要使下属离开时满怀积极的意念而非仅想着消极的一面，怀着一腔不满的情绪。面谈结束时，下属应该说（或起码也是这样感觉的）：“谢谢你，我很高兴我们有这样一个机会一起来讨论我工作的成绩。现在我知道我自己取得了怎样的进步，也知道以后要怎么做。而且我知道你会不断地协助我。”结束会谈之后，双方热情地握别是一种积极结束的方式。另一种方式是部门经理说：“谢谢你今天来我这里。我觉得这次讨论很值得。我知道以后我能仰仗你，而且我也很愿意尽一切力量帮助你。”

面谈中的说话技巧

上级主管最好事先准备好面谈大纲，不仅可以有条理进行谈话，也可以把握面谈的快慢节奏。主管在谈话时应注意以下几点。

- 简明扼要，避免缺乏重点及独自一人滔滔不绝；
- 语速要放慢，让对方有思考的时间，也不要在一次发言时表述太多内容，把一段长篇大论分割成几小段，穿插在谈话之中；
- 要用对方熟悉的语言和日常用语；
- 多用正面的方式表达，不要用指责的口吻；多肯定，少否定；多赞美，少批评；
- 谦虚有礼，不要傲慢，诚恳的态度、温和的语气更能打动人；
- 强调、重复重点，加深印象；
- 允许发问，鼓励陈述意见及确认表达的内容；

◆ 以理服人，而不是以职位压人，让对方心悦诚服地接受你的意见，而不是阳奉阴违，被迫接受。

面谈中的倾听技巧

绩效反馈面谈是一个双向沟通的过程，不是上级主管一个人表演的“脱口秀”。除了说，还要认真倾听。这里所说的倾听，是要“真正地去听”，而不只是保持沉默不说话。这是一个动态的过程，要去发掘对方的想法以及他的感受。要边听边思考对方的话，抓住谈话重点，跟上对方的思路，理解对方所要表达的真实含义，并作出反应，如点头或提问。

第一，要做到倾听而不打岔。如果两个人同时开口，部门经理应该先停下来让下属先说。这对某些部门经理来说颇有些困难，但这是有必要的，因为这样做就等于告诉下属：“你要说的比我要说的更重要。”整个面谈可以因此保持双向的沟通。如果对方所说的情况你已经了解，也不要随意地打断谈话，表现出不耐烦，这会导致对方在后续的谈话中有所顾虑。

第二，不要自作聪明，在对方还未说完，就认为自己已经懂了，甚至已在心里作了决定。

第三，不要先入为主。面谈的目的就是互相了解，如果持有成见，就失去面谈的意义，待谈话结束后再作结论不迟。

第四，尊重不同的意见，不要依仗职位和权力粗暴地否定对方的意见，让别人屈从于自己的看法。

最后，要记下谈话的重点，作为今后管理工作中的依据。

面谈中巧用肢体语言

在信息传递中，肢体语言的作用绝不比口头语言的作用低。一举手，一投足，甚至一个眼神常常就迅速准确地将所要表达的意思传递给对方。在绩效反馈面谈中，用好肢体语言，会带来意想不到的效果。

◇ 保持适当距离，过分的靠近会令谈话对象感到不安，本能地产生自我防卫的心理；

◇ 注视对方的眼睛或鼻子与嘴之间的部位，表示在关注对方，重视与对方的谈话；

◇ 面带微笑，营造愉快的谈话气氛，严肃刻板的脸只能让人产生压迫感和紧张感，难以放开心胸、开诚布公地交谈；

◇ 常点头，少摇头，一方面表示你收到了对方所要表达的意思，另一方面也会给对方信心，继续说下去；

◇ 不要双手交叉抱胸，这样的姿势显得盛气凌人，高高在上，拒人于千里之外，拉大面谈双方的距离感；

◇ 不要皱眉头，这个动作给人以不耐烦或很不满意的暗示；

◇ 不要抖动双腿，应尽量保持身体的平稳，不停地抖动双腿或变换姿势，表现得焦躁不安，无法平心静气地进行沟通；

◇ 避免各种小动作，例如：抓耳挠腮、玩笔、玩手指等，要尽量克制，也不要用手指着对方或叉腰等。

品质部林经理这时插话：“根据我们以往的经验，和绩效好的员工沟通比较容易，怎么谈都能谈融洽了。但碰到绩效比较差的员工就比较头痛了。批评的话不好开口。那怎么谈啊？”

顾鸣鸣：“这个问题确实让很多经理怵头，因为怕谈崩就不谈了吗？不是，最终还是要谈的，也有解决办法的。可以给你们一些建议。”

第四节　如何让批评的话好开口

管理者应保持客观公正的态度

在绩效反馈面谈过程中，管理者持什么态度，关系着面谈能否顺利进行和取得好的效果。管理者应抛开个人成见，对即使在主观上特别不喜欢面谈的员工，也应尽量保持公正客观的态度，这样才能赢得员工的信任，评估结果和批评的建议才能被员工所接受。具体说，管理者在面谈过程中应做到以下几方面。

◉ 对事不对人

当管理人员面试时把目标锁定在员工个人和他的行为，而不是定在某个具体的问题时，评论和批评可能会导致冲突。这样的评论更像责备而不是帮助，从而在面谈双方之间造成对立的关系，上级指责下级，下级为自己辩护，不管你说得对不对，员工都难以接受。而同样的问题，如果就事论事，就变成面谈双方共同商讨问题的解决办法，是一种合作的关系，无形中，员工就接受了批评。

◉ 以理服人

管理者在企业管理上被赋予了一定的权力，纠正员工的过失也体现了这种权力。但是，如果过分依靠权力，特别是在批评中采取强制手段，迫使下级接受自己的意见，往往会适得其反，员工虽然在口头上同意了上级的看法，但阳奉阴违，不会实实在在地改进自己的工作。因此，在批评时要尽量做到晓之以理，动之以情，不要动辄摆出领导的架势。

◉ 批评别人，也要自我反省

作为上级，当下级犯错误时，如果能及时地承担自己作为上级所应承担的连带责任，往往会产生意想不到的效果。甚至也可以在批评下级前，先反省自己在这个问题上所造成的影响。例如："我应该先安排你参加这方面的培训，这样，你就不会……"这样的说法让下级感觉到上级解决问题的诚意，批评不是冲着他个人来的。而如果上级在下级的过失前，处处推卸责任，一味指责对方，下级员工也必然上行下效，也不会真心真意地接受批评。

◉ 不要翻旧账

这是在批评时很忌讳的一点，批评的目的是着眼于未来，借鉴过去，改进今后的工作，并不是秋后算账，追究责任。所以不应在批评时，对过去的过失念念不忘，即使不得不提到过去的事，也要努力使用鼓励的语气，让员工看到和过去相比，自己是在不断地进步。

◉ 避免夸大其词

有些时候，管理人员为了表示强调，或引起员工的重视，常常言过其实，例如："你每次都是这样!"结果事与愿违，不仅没有达到强调的效果，反而惹来员工的反感和抵触："我昨天就做得好好的，哪有每次都是这样!"所以在谈话时，实事求是非常重要，说话要有凭有据，避免采用一些绝对性的词语，如"每次""从不"等词语会降低说话的真实性和公正性。

具体谈话的方法，这里可以介绍两种：汉堡法和BEST反馈法。

运用汉堡法先扬后抑

汉堡法，简单地说来就是最上面一层面包如同表扬；中间夹着批评，最下面的一块面包最重要，要用肯定和支持的话语结束。也就是说，首先应先表扬特定的成就，给予真心的肯定：表现再不好的人也有值得表扬的优点，应给予真诚的赞美，千万别说你这个人不行，这样有助于建立融洽的气氛；其次提出需要改进的"特定"的行为表现：诚恳指出不足和错误，提出让员工能够接受的改善要求，消除员工的抗拒心理，表达出对员工的信赖和信心；最后以肯定和支持结束：和员工一起制订绩效改进计划，表达对员工未来发展的期望。

如何运用这种方法？来看一个例子。

有一位会计，近来总是迟到，财务部经理采用汉堡法对她进行了批评。

第一步，表扬特定的成就，给予真心的肯定。经理找到会计，笑着说：

“小王，最近工作做得不错，账目上没有出现什么差错，上级领导很满意。”会计面露喜色。第一步就完成了。

第二步，提出需要改进的特定的行为表现。“但是你最近总是迟到，这个星期已经迟到三次了吧?”会计点头，“销售部的同事找你报销，几次没找到你，对你很有意见。”会计面有歉意。第二步完成了。

第三步，最后以肯定和支持来结束。“你工作一向是很认真的。希望你能改了迟到的毛病，如果有什么困难可以提出来，大家帮你一起解决。”第三步就完了。后来，这位会计果然不再迟到。

运用 BEST 反馈法让批评容易接受

BEST 反馈法是可以采用的另一种使批评容易接受的方法。

B 就是行为（Behavior description，描述行为），即描述第一步先干什么事。

E 就是后果（Express consequence，表达后果），表述干这件事的后果是什么。

S 就是征求意见（Solicit input，征求意见），问员工觉得应该怎样改进，引导员工回答，由员工说怎么怎么改进。

T 和“汉堡”原理的最底层面包意思一样，以肯定和支持结束（Talk about positive outcomes，着眼未来），员工说他怎么改进，你就以肯定和支持收场并鼓励他。

请注意，不管员工犯了什么错，千万别说“真失败”“不行”之类的话，没有什么比让员工觉得失败更伤他们自尊了。

比如要批评一个客服人员，采用 BEST 反馈法的过程如下。

B——小李，这是你第二次和客户吵架了。

E——这不但影响你这个月的表现，而且使得销售部门对咱们客服部意见更大了。

S——这种情况你觉得应如何改进呢?

停顿，然后听员工说，自己不对，应该怎么怎么改，等员工说完以后，及时肯定和支持。

T——这样做对你和部门的形象都非常有帮助，值得考虑。改进过程中，我们会支持你的。

第五节　面谈方式，因人而异

在绩效反馈面谈中，部门经理会遇到各种各样的员工，如果只是千篇一律地使用同一种面谈方式肯定是不行的，每把钥匙只能开一把锁，不要指望有一种方式可以帮你应付所有的谈话。虽然不同的面谈对象之间可能只有细微的差别，但是如果我们忽略了这些可能是很小的差异，就会导致面谈的失败。因此我们应该根据他们不同的特征，采用不同的沟通和交流方式，才能达到良好的效果。

绩效评估结果优秀的员工

表现优秀的员工往往要求较高的成就感，所以在面谈中对员工所做的工作要给予足够的肯定，多鼓励，满足员工的成就感。而且表现优秀的员工也较为注重个人的职业发展道路，除了肯定其过去的工作业绩，面谈中的多数时间要花在制订个人发展计划上，努力把员工的个人发展目标和企业的发展目标结合起来。由于这类员工的工作能力和主动性都较强，所以在面谈和制订发展计划时可尽量采用讨论的方式，增加他的参与度。最后，不要信口开河，轻易对员工作出加薪、提升等许诺，若不能兑现，不但会打击员工积极性，也严重影响到部门经理的威信。

绩效评估成绩徘徊不前的员工

对待业绩原地不动的员工，应该开诚布公地与他们进行交流，了解他们没有进步的原因，然后对症下药。如果是激励不够，那么应该让员工了解你对他的重视程度并不比别的员工差，并充分肯定员工的能力，必要的时候可以使用“激将法”，这样可能会鼓起员工的上进心。如果是员工的工作方法、技能或性格不适合目前的职位，就可以一方面帮助员工分析什么职位适合他，另一方面听听员工自己的想法，再作出决定。如果是员工的工作方法不对，就可以帮助他一起分析在哪些方面可以改进。如果是性格或技能不合，又确实难以有所改进，条件许可的话，可以考虑让他到更适合的岗位上。总之，既要让员工看到自己的不足，又要切实为员工着想，帮助他们找到有效的改进方法。

绩效评估结果较差的员工

对于这类员工，一味地指责是不恰当的，可能在这段时间里员工身体不好，或者情绪有问题，也可能有外部的其他原因。要找出绩效差的真实原因，需要批评指正的地方，可参照上文中介绍的技巧，与员工进行面谈，需要特别注意的是，不要有意或无意地伤害员工的自尊心和自信心。

有抵触心理的员工

当有人给你迎面一拳的时候，你下意识的第一个反应就是举手架开它，而这时你可能还没有看清这一拳是从哪里来的，是和你开玩笑还是真的要伤害你，这是人的一种本能的反应。

员工在得到较差的绩效评估结果或受到批评时，就如同当头一击，会本能地进行自我保护，拒绝承认过错，有一些性子较急、较暴躁的员工，甚至会冲上级发火。在这个时候部门经理千万不能也产生本能反应，以牙还牙，或者和员工发生“火并”，而是要很好地控制自己的情绪，耐心地听员工发表意见，不要急于争辩。首先要理解这是一种正常的反应，是一种本能，而本能反应过后，才是理性的思考，才会仔细考虑这个批评是否合理，是好意还是恶意。所以部门经理在碰到这种类型的员工时，不要指望对方能够立刻接受批评意见，要给对方理性思考的时间和空间，比如可以暂时保持沉默，甚至结束本次面谈，给对方更多的时间考虑，在下次面谈中再继续探讨。另外，很重要的一点是，不要就此事责怪员工，“你就是不肯承认自己的错误”这类的话是不恰当的。

自我感觉良好的员工

有些员工工作能力很强，主动性也很高，业绩表现也很好，但是显得过分雄心勃勃，甚至有些咄咄逼人。他们对自己的评价很高，期望也很高，会主动承担许多工作，也会积极配合上级制订未来的发展计划。但是他们往往会过高估计自己，制订的计划和期望与现实情况存在一定的差距。这样的人要因势利导，继续激发他们在工作上的热情和干劲，制订出对他们有吸引力的发展计划。但同时也要冷静地指出他们存在的问题，客观地为他们分析实际情况，适当地泼一点冷水有助于他们保持清醒的头脑。

胆小、紧张、拘束的员工

在与上级交流时这样的人可能会局促不安，紧张而手足无措；也有可能表现得沉静、冷漠、矜持，有问有答，不问不答，不会主动表达自己的想法。在与这种类型的员工面谈之前，要多了解他们的兴趣和擅长的话题，以他们喜欢的话题开场，激起谈话的兴致，活跃谈话气氛。在面谈过程中要善于提出开放性的问题，使他们多表达，同时多征询他们的意见，这样让他们有较多的说话机会，在谈话中逐渐放松，活跃起来。

资历或服务年限比自己长的员工

总的来说，对于老员工，在谈话态度和语气上应该更为客气和尊重，毕竟老员工为企业服务多年，作出的贡献也更多。但是绩效评估所体现的是现阶段的工作表现，如果该员工的现阶段表现不理想，那么同样也要帮助他们分析问题，指出不足之处，制订改进计划，不能总是躺在过去的功劳簿上。当然分析和批评的时候态度应尽量诚恳和谦虚。

第六节　反馈面谈不要犯的错误

反馈面谈是绩效管理中一个很重要的环节，然而恰恰是这个环节很容易受到面谈人的主观因素的影响。所以尽管我们的部门经理在面谈前做了充分的准备，但是完全可能因为经验的缺乏、技巧的不足或者自身的性格特点等原因，在一些小的细节上没有引起足够的重视，造成面谈达不到预期的效果。下面就让我们一起来看看在反馈面谈中几个常见错误。

以自我为中心

部门经理在和员工反馈面谈前通常会思考这样一个问题——我今天想跟他谈什么，实际上这时候我们的部门经理就已经犯了这样的错误。部门经理是面谈的组织者，但并不是面谈的中心，正如上面这位管理者所说的，面谈的中心是员工，是员工的绩效，面谈内容应围绕员工展开，部门经理应该多问问自己“他需要什么帮助”“我该怎样帮他”。因此可以看出，虽然我们

不希望以自我为中心，但往往在我们的无意识中已经犯了这样的错误。

先入为主，持有偏见

由于面谈双方一般是直接上下级，在日常工作中由于工作的关系难免接触频繁，互相之间可能已经产生先入为主的看法。但是作为部门经理，在面谈时一定要以绩效评估的结果和平时细致的工作记录作为主要依据，以平时工作中的总体印象作为参考。如果本末倒置，只注重宏观的印象，而不看重具体细致的工作记录，绩效评估就失去了存在的意义。即使我们在主观上特别喜欢或讨厌面谈的员工，也应尽量保持公正客观的态度，这样才能赢得员工的信任，评估和面谈结果也才能够被员工所接受。

碍于面子，或抱有同情心理，不敢批评

对于员工的工作表现，好的就应该表扬、奖励，不好的就应该批评、指正。虽然批评要讲究技巧，不要伤害到员工的自尊心和自信心，但有些部门经理在面谈时，容易矫枉过正，过度关注被评估者的情绪和反应。他们让自己处于一个被动的位置，稍微严厉的话就不敢说出口，似乎生怕得罪了员工。其实，过度顾虑对方的情绪是完全不必的，如果部门经理顾虑太多，没有把该说的话说出来，员工不知道自己的缺点，失去了一次改进提高的机会，对员工也是一个重大的损失。所以，面谈中，部门经理要勇于指出员工的缺点和不足，但是必须要让员工感觉到这么做并没有恶意。

对人不对事

当部门经理面谈时把目标锁定在员工个人和他的行为，而不是某个具体的问题时，评论和批评可能会导致冲突。这样的评论更像责备而不是帮助，

从而在面谈双方之间造成对立的关系，上级指责下级，下级为自己辩护，不管你说的对不对，员工都难以接受。而同样的问题，如果就事论事，就变成面谈双方共同商讨问题的解决办法，是一种合作的关系，无形中，员工就接受了批评。

使用不信任的语言

很少有部门经理会认为自己不信任下属，但是却常常在细小的言谈中有意无意的表露出这样的态度，“你真的没有记错吗”“你确信没有问题了吗”。这样的语言充满了不信任感，虽然有时部门经理这么问本意是出于对下级的关心，但是很容易被误认为对他的能力有所怀疑，伤害了他的自尊。

夸大其词，言过其实

有些时候，部门经理为了表示强调，或引起员工的重视，常常言过其实，例如：“你每次都是这样！”结果事与愿违，不仅没有达到强调的效果，反而惹来员工的反感和抵触，“我昨天就做得好好的，哪有每次都是这样！”所以在谈话时，实事求是非常重要，说话要有凭有据，避免采用一些绝对性的词语，如“每次”“从不”等词语会降低说话的真实性和公正性。

诱导性的谈话

有些部门经理为了达到自己预期的面谈效果，对员工采取一些诱导性的问题，诱导员工认同自己的想法，或接受自己制订的绩效改进计划。这样的做法虽然达到了暂时的统一意见，但是，却掩盖了许多问题，部门经理只能听到他们想听到的，没有机会通过面谈发现员工的真实想法和真正的需求，没法有效解决员工工作中面临的困难，从长期看，对绩效的提高有害而无利。

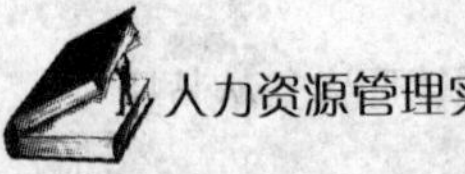

第七节　毋忘检查反馈面谈效果

绩效反馈面谈结束并不意味着反馈的工作结束，部门经理应主动检查反馈面谈的效果，以便搞清楚反馈面谈是否达到了预期的目的。反馈面谈效果的衡量方法有很多，最常用的有以下三种方式。

了解被评估者的反馈

绩效反馈面谈效果的评价和衡量可先从被评估者开始，在面谈结束之后的 3 天到一周之内进行。间隔时间若太长，评估者对面谈的细节记不清楚，或是受到工作中其他事情的影响，歪曲了对面谈效果本身的评价。间隔时间若太短，则被评估者对面谈内容还没有仔细思考，有些甚至还在气头上，对面谈效果的评价也难免有失偏颇。

征求被评估者意见主要有两种方式：非正式的和正式的。非正式的方式通常由部门经理本人实行，可以在午饭时间、电梯里相遇时、茶水间里等非正式场合较为随意地询问。如“前几天和你说的减少故障率那事，你想到什么好办法了吗”等。这种方式双方都较为放松，也不增加工作量，但衡量的准确性因人而异。

较为正式的征求意见方式既可以由部门经理本人实行，也可以由人力资源部门调查后将结果转交部门经理。书面或口头了解都可以，通常采用“调查表”的途径，面谈结束后，给每位员工下发“面谈意见调查表”，统一调查员工对面谈的气氛、面谈的效果和对下次面谈的期望等问题的看法和意见。

部门经理自检效果

在这个过程中，管理员主要是对照面谈计划和面谈后所形成的纪要，检查面谈的预期是否实现，这有助于积累面谈经验，提高下次的面谈质量（如表6－4所示）。

表6－4　部门经理自检要点

■ 照计划完成的有哪些？未能照计划完成的有哪些？为什么？
■ 期待而未获取的情报有哪些？比预期获得更多的情报有哪些？
■ 指导、激发向上的成果如何？被评估者在态度上或发言上有何具体的表现？
■ 面谈最后的确认事项为何？
■ 关于面谈后的追踪需要进一步做些什么？
■ 下次面谈之前，应注意的事项及其日程表如何？
■ 对于此次面谈的结果自己是否满意？面谈结果是否增进了双方的理解？
■ 自己学到了哪些面谈技巧？

在此之前得到的被评估者的反馈意见对自检也很有帮助，会让部门经理认识到一些自己无法发现的问题。

了解面谈结果实施情况

如果面谈成功，双方都比较满意，那么所产生的改进计划执行起来阻力也较小，在执行过程中的沟通也较为顺畅。所以，除了对面谈双方的调查了解外，面谈产生的绩效改进计划或其他结果的实施情况也从侧面反映了面谈的效果。

第七章

绩效改进

五一节前最后一个周六的下午，也是部门经理绩效管理培训的最后一堂课。顾鸣鸣走进培训会议室的时候，见几位部门经理正在聊过节期间全家的旅行计划，因为快放假了大家显得很轻松。培训开始前一分钟，销售部杨经理匆匆进来，坐定后看了看表，松了口气。顾鸣鸣和他相视会心一笑，然后开始了培训。

“就要过节了，大家马上可以去度假了。咱们的培训也接近了尾声。今天咱们讨论的是绩效管理过程中的一个重要工作——绩效改进。绩效改进是企业各级主管帮助员工提高工作绩效的一个过程。由于绩效改进主要是针对员工的绩效评估结果，和员工一起分析绩效差距的原因，并共同找到提高绩效改进的途径，所以我们把这个内容放到最后来讨论，但这不说明绩效改进工作只能在年度绩效评估工作结束后才做。它是一个连续循环、不断提高的过程。在拟订绩效计划之后，具体实施过程中的每一阶段，部门经理都应该着手开展绩效辅导和绩效改进工作，不断提高员工的绩效水平，激发员工更大的工作激情，这样才能使绩效管理工作有成功的保障。好，我们先来看一下绩效改进工作的操作流程……”

第一节　绩效改进计划的操作步骤

步骤 1　确定绩效差距

可以通过描述工作要求的绩效与员工的实际绩效差异来确定绩效差距（如表 7－1 所示）。

表 7-1　要求达到的绩效和实际达到的绩效

要求达到的绩效	实际达到的绩效
保证其他人及时了解可能会影响到产品或服务产出的潜在问题	对于影响到产品或服务产出的问题没有及时通知主管或同事
在每月的 10 号前完成报告	没有在 10 号前提交报告，主管需要提醒
每天上午 8:30 之前开始工作	周四该员工 8:50 开始工作，周五员工 8:45 才到达工作岗位
按时完成生产任务	在过去的两周时间里，有 4 次超过了最后期限
100%完成销售计划	销售计划只完成 90%

步骤 2　分析绩效不好的原因

一般而言，绩效不佳并不能简单地归咎于员工工作不努力，应从员工、部门经理及环境因素 3 个方面分析原因。

首先，从员工身上找原因，主要有主观和客观两个方面，主观上最常见的原因是由于缺乏动力和足够的激励或对现在所从事的工作不感兴趣。而一些在主观上工作意愿很强、积极性很高的员工，可能由于自己的能力、工作方法、身体状况、沟通技巧等客观原因而没法达到预期目标。具体可以从四个方面进行分析。

（1）知识。是否因为员工相关知识的不足影响到绩效的产出？是哪些知识上的不足？如何弥补？

（2）技能。是否因为员工技能的不足影响到绩效的产出？如何弥补？

（3）态度。是否因为员工态度的问题影响到绩效的产出？员工为什么会存在态度问题，深层次的原因是什么？可以改善吗？如何改善？

（4）外部障碍。是否因为外部条件的问题影响到绩效的产出？我们能

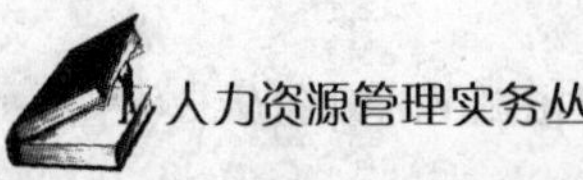

改善吗？怎样改善？

其次，部门经理也要进行自查。工作上缺乏沟通，对员工没有提供足够的帮助和支持，没有给员工适当的鼓励和激励，这些都是部门经理的责任，不能一味地把责任推给员工（如表 7－2 所示）。

表 7－2　员工没达到绩效要求的主要原因调查

■ 他们不知道应该如何去做	□是　□否
■ 他们不知道为什么要这么做	□是　□否
■ 他们不知道应该做什么	□是　□否
■ 他们认为管理者的方法不起作用	□是　□否
■ 他们认为自己的方法更好	□是　□否
■ 他们认为其他的事情更重要	□是　□否
■ 他们认为做过之后没有获得满意结果	□是　□否
■ 他们认为自己的工作已经符合要求了	□是　□否
■ 他们曾经没有做反而受到不恰当的奖励	□是　□否
■ 他们曾经按要求完成任务时却受到了不恰当的惩罚	□是　□否
■ 他们曾经没有完成工作但没有得到应有的惩罚	□是　□否
■ 他们预料这样做不会得到负面后果	□是　□否

最后，就是企业内外部环境因素。企业内部资源的缺乏、制度不完善（如责权利分配不合理）、岗位变动等影响员工的工作效率和工作质量。而企业外部的环境如宏观经济的变动、国家新政策的出台、全行业的萎缩等，以员工个人力量是无法抗拒的，甚至连企业也回天乏术。在这种情况下，要做的不是绩效改进而是绩效目标的调整。所以在行动之前，要先查明原因，看清方向，避免徒劳无功。

步骤 3　决定是否采取改进措施

确定了具体绩效差距，找到绩效不佳的原因，然后决定是否有必要采取改进措施以消除差距，并采取何种方法。

绩效差距总会发生，但有大有小，有轻有重，是否都需要改进？理论上是应当把时间和精力花费在纠正重大差距上。那么如何做出判断，可以问自己这样几个问题：

绩效差距对员工本人的工作、对部门或整个公司的工作、对客户以及对供应商等相关人员的影响是什么？

绩效差距是否会导致安全问题、危险的工作情景，或违反组织纪律或违反法律？

随着时间的推移，绩效差距会减小、变得不重要还是更加恶化？

一旦确定需要采取改进措施，就要帮助员工制订行动计划。

步骤 4　找出可能的改进办法

与下级一起，通过“头脑风暴”和“鱼骨图”的方式，找出所有可能的改进办法，最好能按员工、部门经理和外部环境，分门别类，列出一张详细的表格。如表 7－3 所示为一软件公司项目经理的改进措施。

表 7－3　绩效改进措施

绩效不佳的原因	改进办法
员工（项目经理）主观原因：工作积极性不高	采用适当的激励机制
员工（项目经理）客观原因：与客户的沟通技巧不够；时间管理不佳	提供沟通和时间管理方面的培训
部门经理（开发部经理）：对员工的授权不够	认真分析业务流程，可放权的部分适当放权
企业内部环境：与销售和售前工程师沟通渠道不畅	由开发部经理牵头与销售部门协调，力图建立一个有效、规范的部门间沟通方式
企业外部环境：今年的行业竞争更加激烈	无

步骤5　制订绩效改进计划

首先要确定改进目标。目标的选取应由上下级共同完成。基本上应以员工的要求为中心，在反馈面谈中，通过双方的沟通来决定。对于自己选择的，而不是被强加的目标，员工的积极性会更高，动机也更强，而且员工更了解自己的情况，哪些问题确实需要改进。因为有些在上级眼中认为很严重的问题，在员工看来可能根本不是问题。另外，应选择容易改进的目标着手。如果改进计划顺利完成，能够树立员工的信心，有助于后续改进计划的实行。

其次要对改进办法进行筛选，选出最有效、最经济的一种办法或几种办法综合考虑，确保计划实际可行。以选中的改进办法为主干，增加具体的行动计划，详细列出每一步工作的具体实施手段。

再次要给每一步的工作制订截止日期，以便检查。有些情况，评估时间可能需要频繁到每两星期做一次，在其他的情况下，也许每一个月或两个月一次更适合。不管怎样，时间表必须拟订并予以跟踪。时间表内必须有一时限，在改进努力超过此时限后，员工应自请辞职或予以解雇。

最后要填写一份书面的正式的绩效改进计划和个人发展计划（如表7－4、表7－5所示），部门经理、员工都保留一份，如有必要，人事部门也可备案。“色”是美食的重要组成部分，外形美观的菜肴能够引起食客的食欲。同样，一份完整、正规的改进计划，相比一份潦草的草稿或仅仅是口头协议，更能够使员工产生认真对待的心理。

表7－4　绩效改进计划

<table>
<tr><td>执行者</td><td></td><td>职务</td><td></td><td>实施期间</td><td></td></tr>
<tr><td>上级主管</td><td></td><td>职务</td><td></td><td>应改进之绩效</td><td></td></tr>
<tr><td colspan="2">执行项目</td><td colspan="2">执行者</td><td colspan="2">执行时间</td></tr>
<tr><td colspan="2"></td><td colspan="2"></td><td colspan="2"></td></tr>
<tr><td colspan="2"></td><td colspan="2"></td><td colspan="2"></td></tr>
<tr><td colspan="2"></td><td colspan="2"></td><td colspan="2"></td></tr>
</table>

表 7-5　个人发展计划

姓名		职位		部门	
直接主管		职位		制订计划时间	
有待发展的项目	发展的原因	目前水平	期望水平	发展的措施与所需的资源	评估的时间

步骤 6　实施、检查、制订新的改进计划

绩效改进计划的实施，可以看成是一个小型的、短期的绩效管理过程。在此期间，部门经理与员工间的沟通依然很重要，提供帮助、不断的督促和检查必不可少。

如果员工的总体绩效已达标准，则考查作业停止并通知受考员工。对该员工的工作仍应密切关注。观察其是否有退步的迹象，如确有低落现象，考查需再度开始并告诉员工。

如果已有明显进步，但是还需要继续改进，此时应重拟一份绩效改进计划并与受考员工一起研究。

如果进步甚微或完全没有进步，部门经理应清楚地告诉该员工他正在察看阶段，如果在规定期限内不能达到标准，他就会被调职或解雇。

此程序持续至该员工的整体考绩达到标准，或期限到期，改进的工作终止。

如果期限内该员工仍不能达到理想标准，就应决定是把他调换工作或是解雇。调职或解雇需待其部门经理与人力资源部门会商之后再作决定。

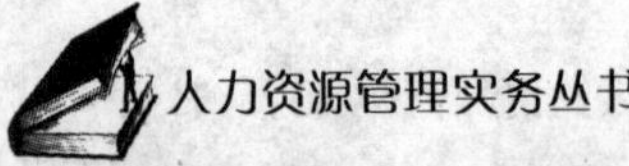

第二节 绩效改进中应注意的问题

在制订绩效改进方案和实施过程中要注意以下几个问题。

第一，绩效改进方案一定要有实际操作性，要有“行动步骤”。如果停留在理论上，改进方案根本没有存在的必要。根据员工现在的发展水平，绩效改进方案的指导性一定要强，最好是能详细到具体的每一步骤。现在的规范化管理比较欠缺，通过绩效改进方案，能为以后实行规范化管理打好基础。

第二，绩效改进方案要符合“SMART”原则。绩效改进方案是指导绩效改进实施的标准，因此一定要有可操作性。其制定的原则也要符合“SMART”原则，做到具体、可衡量、可达到、相关联和有时限。这是制订任何一个方案都必须考虑的原则。

第三，绩效改进方案可以与计划目标制订相结合，也可以独立制订，目的都是为了员工的绩效提高。计划目标的范围较大，既包括了以前做得好的日常工作内容，也包括了需要提高的改进内容。与之相比，绩效改进方案虽然也是根据上一阶段绩效考核结果而制订的，但其更具有针对性，是着重针对绩效低下的原因而制订的。在实际工作中，由于时间等因素的限制，可以将制订绩效改进方案与计划目标相结合，通过一份计划反映绩效改进方案。

第四，绩效改进方案的形式可以多样，但关键是要控制过程，给员工以指导。任何方案都需要付诸实施，绩效改进工作可以有各种各样的方案，但是改进的过程只有一个。绩效改进能否成功，关键就在于是否能控制改进的过程。只有各级主管在过程中给予员工指导和帮助，修正改进方案，才能保证绩效改进的效果。

第三节 如何帮助低绩效员工

绩效低劣的员工是指那些屡犯错误、赶走客户并在企业组织中造成不满和士气问题的员工。高成长的公司尤其不能容忍绩效低劣的员工，他们会削弱团队的实力，给潜在客户和商业伙伴留下不良印象，加剧对公司综合生产率的负面影响。

绩效评估的结论往往是得出员工为优秀、良好、合格、差，可能还有一些就是简单地分为 A、B、C、D 档的分法。

员工的低绩效是任何一个企业都无法回避的问题。若不能适当、有效地对低绩效员工进行管理，不仅使这些员工的低绩效得以延续，还将影响其他员工的士气，进而影响整个团队和组织的绩效。在绩效评估中，处理员工的绩效问题，特别是低绩效员工的问题，是一件很敏感的事情。如果处理得好，会产生积极正面的影响；如果处理不当，则可能引起员工的不满情绪，影响工作。对低绩效员工采取纠正行为并非意味着惩罚员工。采取纠正行为的真正目的，是尽可能地使每个员工按正轨发展并获得改善，甚至再次达到很高的绩效。处理绩效问题时建议采取以下步骤，循序渐进。

第一步 主动及时地沟通

部门经理应该及时主动地与存在绩效问题的员工沟通，沟通越及时，就越有利于问题的解决。部门经理应该以一个朋友的角色与存在绩效问题的员工进行沟通，同员工一起查找实际绩效与目标之间的差距到底有多少，而不是采用上级教训下级的模式。这样首先让员工意识到确实是自己的工作存在问题，上级的评估是有事实依据的，公平合理的。其次要让员工意识到上级找他的目的是为了帮助他进步，而不是为了打击和训斥他。

第二步 分析问题，找出原因

认识差距后，就要分析造成差距的原因是什么，主要有三方面原因：员工、部门经理和环境。是由于员工能力的原因还是因为努力不够或者有些行为风格不太合适，或者有什么员工自己不能控制的因素在起作用，最关键的是要从这些原因中找出与员工本人有关的可以通过具体措施改进的问题。

第三步 制订适当措施

在通过沟通确认了员工的绩效问题以及造成绩效问题的原因之后，部门经理应该首先以帮助者的角色出现，帮助员工一起制订绩效改进措施，绩效改进计划是改进绩效的开始。如果确实是员工本人的问题，就应该在绩效计划中制订培训或者其他的方式帮助员工提高能力水平的具体改进步骤。如果问题不是由于员工本人的因素造成的，而是由于周边环境的一些客观因素造成的，那么绩效计划就应主要针对部门经理，制订改进客观环境和为员工提供帮助的计划。

第四步 提供必要帮助

在处理绩效问题中，如果员工遇到一些工作以外的困扰，部门经理应尽可能的为他提供帮助。例如，员工的孩子入学问题，住房问题等。有一些表面上看似和工作无关的问题，实际上会对员工的绩效产生重大的影响，而且这样的帮助能够增进上下级之间的了解和感情，也有助于绩效问题的解决。

第五步 检查结果

在改进的过程中适当设置一些检查点，及时给员工一些检查和反馈。及

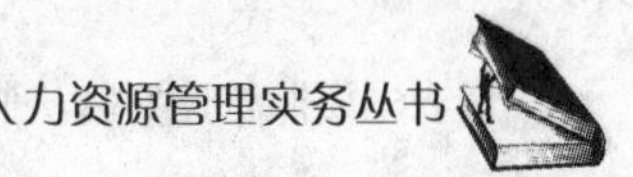

时发现存在的问题，纠正不正确的做法。对在改进过程中做得好的员工，仍然要给予鼓励，对做得不好的员工，可以考虑使用必要的惩罚措施。特别是对于一些绩效差，自己又没有改进意识的员工，要给他施加适当的压力，以缩短改进的时间。

当然，虽然管理者在处理绩效问题时，本着应尽量使用辅导、培训等积极的方式解决问题的原则，但是尽了最大的努力对员工进行指导，不止一次地将工作绩效低劣的情况反馈给员工，指导他如何改进，为他确立具体的绩效目标，记录他未能改进绩效的情况，而且考虑过不解雇的解决方法。如果他仍犯同样的错误、依旧达不到要求，管理者有必要采取一定的惩罚措施，大可选择解雇或调任他。这不是什么有违良心的决定，而是没有改进绩效或严重违规行为的结果。

采取惩罚措施要注意以下几个问题。

一是惩罚措施必须透明，要事先与员工沟通，让员工了解为什么要采取惩罚措施、所要采取的措施是怎样的，以及在什么情况下自己将要被惩罚，在员工毫无思想准备的情况下实施惩罚是不恰当的。

二是所采取的惩罚措施要合乎情理，而且要由轻渐重，不要过于苛刻。

三是采取惩罚措施之后要注意监控和评估惩罚后的结果。

如果高绩效的组织正是你所追求的，如果你期望企业基业长青，那么，面对低绩效员工，你必须敢于采取果断措施。

为期五周的部门经理绩效管理培训结束了，顾鸣鸣最后感谢在座各位部门经理对此次培训工作的全力支持，并提前祝大家节日愉快。看着大家渐渐散去，顾鸣鸣舒了口气，慢慢地收拾着培训用具，心里很是羡慕那些休假外出旅行的同事。这个假期，她是不能好好休息了。公司下半年准备试推行新的绩效管理系统，还有两个月的时间，她有很多准备工作需要去做。

第八章

绩效管理实战

五一长假过后，顾鸣鸣满脸疲惫地来上班，在公司门口碰到财务部小宋。“鸣鸣，你过节玩疯了吧，看你累成这样。”小宋打趣道。“嗨，哪里都没去，在家里干革命工作啊。”看小宋一脸的不相信，顾鸣鸣也没再解释，匆匆走进自己的办公室。她打开计算机，从包里拿出优盘插入计算机上的USB接口，把过节期间自己在家里编写和整理的绩效考核制度、方案及一些表单打印出来，交给了赵经理。

第一节 销售部门绩效指标的确定

下午四点多钟，顾鸣鸣忙完手里的工作，打算上网查些资料。这时销售部杨经理匆匆走进来。人还未站定，话就脱口而出：“小顾，现在有时间吗？想请教你几个问题。”顾鸣鸣点点头，并马上站起身来。两个人找了个小会议室坐下来。杨经理开始介绍情况：

杨经理中午接到一位客户的投诉，对公司的“欺骗”行为表示不满。原来，上个月底他们准备购买公司的一批产品，可有销售员跟他们说这个月产品要降价，让他们先别着急提货，可他们等到这个月，发现根本就没降价的迹象。到底是怎么回事？杨经理找到客户投诉的那位销售员，仔细盘问才知道：上个月这位销售人员的销售任务完成，所以他想把这笔销售任务压到下个月完成。所以，就对客户撒了个谎。没想到，被客户发现了。他还透露，其他销售员也经常操纵销售额，比如，当月的销售额任务已经完成，就通过操纵畅销型号的方法，告诉客户本月缺货，下个月才能到；如果销售额任务没完成，就向客户传递虚假信息说下个月产品价格要调高，催客户赶快提货。

顾鸣鸣能理解杨经理急切的心情，销售人员操纵指标的现象会给企业造成巨大的损害，不仅使公司面临品牌信任的危机，利润不断下降，而且还使企业生产活动的连续性遭到破坏，忽高忽低地完成销售任务致使生产也是断断续续的，从而带来生产成本的提高。

但如何解决这个问题，她也不是很有经验，她决定还是请教汪博士。在电话里，听完顾鸣鸣转述的情况，汪博士一语道破问题的关键：“是考核指标的设计出了问题。目前你们公司对销售人员考核的指标主要有两个：销售额与回款。从本质上而言，两个指标是一致的，销售额只是回款的后续步骤而已。单一的考核手段会导致销售人员为实现自身利益的最大化而操纵指标。”然后，他分析了销售人员操纵指标的原因，并提出了解决办法。

单一考核指标的危害

目前比较流行的销售管理体制是销售的提成制、年薪制、承包制和买断制。提成制是在一定年薪的基础上，根据回款、销售额任务的完成情况确定收入；年薪制是根据年度回款及销售额计划以及相应分解的月度计划完成率的基础上，确定月薪以及年薪；承包制和买断制是企业将产品承包或以最低价格卖给销售人员，规定其最低销量，由销售人员在一定的区域内进行产品销售，所得到收入的多少完全依赖回款以及销售额指标的完成情况。

上述四种销售管理模式下，对销售人员的考核指标都是单一的：回款与销售额。单一的考核指标使得销售人员为了完成指标而不择手段，这是销售人员操纵指标的重要原因之一。同时，这种单一指标的考核使得销售人员只关心指标，而对于完成指标的过程不予考虑。

单一的指标使得薪酬只与回款、销售额挂钩。四种销售管理模式的薪酬原理本质上是一致的。以年薪制为例，年薪制一般包括两部分——月薪以及剩余的年薪部分。要想拿到月薪以及年薪，一般是要完成销售任务的一定百分比，称为下限（一般在75%左右）。也就是说低于下限，只能拿到基本的生活保障金。同时，并不是完成任务越高，薪酬越高，一般企业会设定上限（范围在120%～150%）。当销售人员无论如何达不到下限或已经完成任务接近上限时，其收入最大化做法就是停止在该月指标上的努力，对本月在正常情况下能回的款项以及销售额进行操纵，以累计到下月，保证下月拿到薪水。在接近下限时，理想的做法也是对指标进行操纵以使本月拿到薪水。

其实，指标操纵行为在财务报表上会有所体现。如果最后一天的回款或者销售额比其他时间要高得多，那说明本月“冲量”了；如果下个月的前几天指标出奇的高，那说明上个月按照正常销售速度本来应该达到的销量由于销售人员的操纵而延期到本月。

解决办法

除了回款、销售额为代表的财务指标外，增加过程指标。过程指标包括：

- 造势产品考核。包括：市场效果考核指标（造势产品的完成率），卖点、演示、促销方案到位率指标（促销小分队成员的达标率）以及卖点、演示、促销方案考核指标。
- 订单准确率指标。细分为销售率以及订单调整率指标。
- 经营直销员考核。体现于零售量的完成率方面。
- 网络达标考核。
- 市场份额考核。
- 区域均衡考核。

对于上述指标所构成的薪酬体系中，我们可以将回款、销售额指标制订为占整体薪酬考核的60%；造势产品中的市场考核指标占整体的30%；卖点、演示、促销方案到位率指标占整体的10%。上述三项指标的完成率与基薪的乘积之和就是销售人员所应得到的月薪以及年薪。三项指标所占的比例是一个动态的值，随着市场的成熟度变化以及企业的发展阶段而变化：成熟期的市场，财务指标所占的比例可以低一些；而成长期的市场，财务指标的比例可以高一些。其他指标根据计划的完成情况实行一定的正激励或负激励。

弱化回款和销售额指标，可以降低销售人员操纵指标的动力。建立销售人员考核指标体系，使得销售人员在操纵其他指标方面困难度太大（如订单准确率等）或不值得操纵，从而使其关注每一天的销售基础工作。

最后，汪博士说，上面的解决办法，我只是针对你提出的这个个案说的。你们下半年不是要实施新的绩效管理系统吗？在制订销售人员的关键绩效指标时，你可以参考我们为公司编写的绩效指标词典。

第二节　顺利实施新的绩效方案

周五下班后，顾鸣鸣没有急着回家，在单位准备资料。好朋友阿文在MSN上和她打招呼。从她在MSN上的名字“最近有点烦”，顾鸣鸣猜到她可能遇到麻烦事了，于是调侃她：“谁惹我们大小姐啦？为什么烦啊？”阿文是个急脾气，没有耐心在计算机上一个字一个字地敲，直接打电话给顾鸣鸣吐起了苦水。

阿文在一家制造企业做人力资源部经理。最近她们公司在推行新的绩效管理方案时，遇到了一些困难。

按照既定步骤，阿文首先组织6个部门经理和2个总监开会，对新的绩效管理方案进行介绍和说明。大家似听非听、似懂非懂地看着阿文。讲解完毕，希望主管们提出问题和意见，但是大家的回应很含糊，有的说：“行。”有的则回答：“差不多。”会议就这样结束了。

按计划，第二天阿文向各部门收取要求填写的最新的《职务说明书》时，问题又来了：生产部和采购部提交的《职务说明书》，填写的内容与以前一模一样。可昨天在会上明明白白地说了这些职务的职责要有变化。而财务总监则说自己忙还没有做，也不知道要忙到什么时候才有空。阿文于是要求生产部和采购部重新填写，并要求财务总监尽早完成。

等了两天，未见有任何动静，阿文终于忍不住找到了总经理汇报。总经

理说："财务总监也没交？哦，他可能比较忙，你直接追他好了。"

新的方案刚开始推行，部门经理们就这么不配合，接下来，还有那么多工作要做，该怎么办？阿文为此而伤神。

对于阿文的问题，顾呜呜是深有体会。她自己也正处于推行新的绩效管理方案。好在比阿文幸运的是公司高层非常支持自己的工作。在新的方案颁布实施之前，公司总经理专门主持了部门经理会议，做了专题讨论。会上顾呜呜非常详细地讲解了新绩效管理体系的流程，每一步该做什么，该怎么做，都有哪些工具表格，怎么使用，都一一做了解释说明。尽管如此，依然有人不理解、不懂、不会做。那天，一个部门经理就专门把顾呜呜请到了他的办公室，让她告诉他下一步该做什么。后来，顾呜呜还是请教了汪博士，制订了一套绩效跟踪监控，才使后面的推行工作变得顺利。如今，她现学现卖，把这套方法告诉了阿文。

部门经理为什么不配合

部门经理不配合工作是可以理解的。毕竟，绩效管理体系的建设与他们以前所熟悉的填表工作有着很大的不同。以前，通常是在年底，部门经理才会去做有关绩效考核的工作，而全部的工作量也只是事先由人力资源部在设计好的考核表格上填空打分，然后再综合平衡排名，一年一次，程序非常简单，而且多年来都是这样过来的，他们都很习惯，也很熟练。现在则不同，新的方案要求他们做以前没有做过的工作，加强过程的管理，要求他们为员工制订绩效计划，与员工保持持续不断的沟通与辅导，为员工建立业绩档案，考核员工的绩效表现并将结果反馈给员工，对员工做绩效满意度调查等，这所有的工作中除了考核这个环节之外，都是新增加的内容，这么多的内容一定会让一些部门经理感到头大，一定会有人不习惯，也一定会有人反对和抵制。

建立跟踪监控措施

新的方案发布实施之后，人力资源部不是更加清闲了，相反，是更加忙碌了。如果人力资源部把制度发下去之后就不再关心它，不管不问，任由部门经理随便怎么做都行，那么绩效管理制度流于形式只是个时间的问题，远的话可能半年时间，近的话，可能刚开始就夭折了。鉴于此，人力资源部必须在新的方案推行之后，设计一套跟踪监控措施，用必要的手段去检查、督促部门经理更好地执行，使最新绩效管理体系始终在预定的轨道上运行。她把这一套监控措施称为“绩效审计”。

◉ 成立绩效审计委员会

成立由总经理直接领导，人力资源部经理、绩效主管、各分管副总经理组成的绩效审计委员会。绩效审计委员会的主要职责是按照绩效管理的流程，对各部门经理在绩效管理工作中所担负的职责进行检查，对检查结果进行分析，提供绩效审计报告，向总经理汇报并对各部门经理进行反馈，表扬优点，指出不足，保证绩效管理体系始终在预定的“轨道”上运行，即使出现偏离，也要及时作出调整，使之重新回到预定“轨道”。

◉ 绩效审计的内容

绩效审计的内容主要按公司员工绩效管理制度规定的部门经理的职责进行。依据制度规定，部门经理的绩效管理职责主要有以下 9 条。

（1）制订员工的职位说明书。

（2）制订员工的关键绩效指标。

（3）与员工保持持续不断的绩效沟通，并对员工进行有效的绩效辅导。

（4）建立员工业绩档案。

（5）考核员工的业绩表现。

（6）将绩效考核结果反馈给员工。

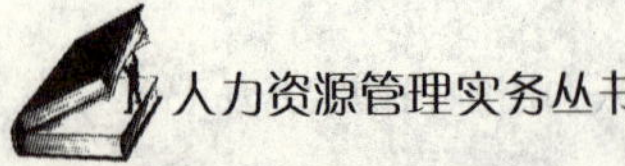

（7）将绩效考核结果运用到员工的晋升、培训、薪酬调整等人事决策上。

（8）对员工进行绩效满意度调查。

（9）帮助员工制订绩效改进计划。

◉ 绩效审计的标准

审计标准主要考察部门经理是否按照制度规定的标准和时间严格执行（如表 8－1 所示为绩效审计标准）。

表 8－1　绩效审计标准

审计项目	审计标准 a（0 分）、b（1 分）、c（3 分）	审计得分
1. 制订员工的职位说明书	a. 没有制订 b. 已制订但未经员工签字认可 c. 已制订并经过员工和经理双方签字确认	
2. 制订员工的关键绩效指标	a. 没有制订 b. 已开始制订但未按规定时间制订完成 c. 全部按规定时间制订完成	
3. 与员工保持持续不断的绩效沟通与辅导	a. 没有任何书面的绩效沟通与辅导记录 b. 每季度正式的绩效沟通与辅导次数在 6 次以下，有书面记录 c. 每季度正式的绩效沟通与辅导次数在 7 次以上，并有书面记录	
4. 建立员工业绩档案	a. 没有建立员工绩效档案 b. 已建立，但不健全 c. 全部员工都有业绩档案	
5. 考核员工的业绩表现	a. 部门有 10% 及以上的员工反映绩效考核结果不真实 b. 部门有 10% 以下的员工反映绩效考核结果不真实 c. 部门无任何员工反映绩效考核结果不真实	

（续表）

审计项目	审计标准 a（0分）、b（1分）、c（3分）	审计得分
6. 将绩效考核结果反馈给员工	a. 没有将考核结果反馈给任何员工 b. 已进行反馈，但没有将考核结果反馈给全部员工 c. 在规定的时间内将考核结果书面反馈给全部员工	
7. 将绩效考核结果运用到相关人事决策上	a. 没有将考核结果运用到相关人事决策中 b. 将考核结果运用到部分人事决策中 c. 将考核结果全面运用到相关人事决策中	
8. 对员工进行绩效满意度调查	a. 没有对员工做绩效满意度调查 b. 已做绩效满意度调查，但没有提供分析报告 c. 已做调查并提供详细的分析报告	
9. 帮助员工制订绩效改进计划	a. 没有帮助员工制订改进计划 b. 帮助部分员工制订改进计划 c. 帮助所有员工制订改进计划	

◉ 审计时间

审计周期和绩效周期一样。如果公司员工绩效管理制度规定的绩效周期为一个季度，那么审计周期也是一个季度为一个周期。具体时间按照绩效管理制度的相关规定进行。

◉ 审计结果的运用

审计结果分为四个等级，分别为：A＝优秀（24～27分），B＝良好（21～23分），C＝合格（18～20分），D＝不合格（0～17分）。绩效审计结果将与部门经理的晋升、培训、工资分配等人事决策挂钩。

实际上，绩效审计也就是对绩效管理体系运行状况的一个考核，是绩效

管理体系建设过程的一个过渡。希望通过这样的设计，能在一定程度上督促帮助部门经理更好地履行各自的职责，更好地执行绩效管理制度，使公司的绩效管理体系建设得到持续的改进和提高，真正成为对公司经营和管理有帮助的方法和工具。当部门经理都全面系统地掌握了绩效管理的技巧，都愿意把它视为帮助而不是负担的时候，绩效审计就可以淡出了。

阿文听了顾鸣鸣的介绍很受启发。半个月后，她给顾鸣鸣打电话报喜，说他们公司的绩效方案已经开始顺利实施了。为了表示谢意，她准备请顾鸣鸣吃法国大餐。

第三节　如何避免考核结果趋中

临近年底，各部门开始进行绩效评估。按照公司的绩效考核管理制度，部门员工由部门经理执行考核，部门员工考核结果实施强制分布，考核结果要满足“正态分布”，即每个部门的员工考核结果要满足以下要求：

- 考核得分介于“91～100”的员工数量占员工总数的5%左右；
- 考核得分介于“81～90”的员工数量占员工总数的15%左右；
- 考核得分介于“71～80”的员工数量占员工总数的60%左右；
- 考核得分介于“61～70”的员工数量占员工总数的15%左右；
- 考核得分介于“0～60”的员工数量占员工总数的5%左右。

应该说各部门还是较为严格地执行了强制分布法，然而顾鸣鸣看了分数汇总后觉得不对劲，公司领导也对考核结果表示不满。

于是，顾鸣鸣再次拜访了汪博士。汪博士看过顾鸣鸣带来的员工绩效考核得分汇总表（如表8－2所示），指出问题的关键在于“趋中现象”比较严重，大部分员工的考核结果都集中在80分左右，其中得分在“75～85分”的员工占员工数量的90%。

表8-2 年度员工绩效考核得分汇总表（部分）

部门	姓名	职位	考核得分
财务部	×××	经理	85
	×××	财务分析专员	82
	×××	财务分析专员	78
	×××	融资专员	80
	×××	会计	75
	×××	出纳	68
行政部	×××	经理	80
	×××	总裁秘书	82
	×××	文秘	75
	×××	公共关系专员	78
	×××	保安队长	80
	×××	车队队长	69
	×××	前台	75
	×××	采购库管员	79

在实施强制分布时，最常见的是对考核结果实施“比例分布法”，通过限制高分员工和低分员工的数量来保证较多的员工得分分布在中间区域，从而实现“正态分布”。这样的规定确实很直观，但是实际上并不好操作，尤其对于被考核者数量较少时显得尤为困难，而且在现实考核中，即便是满足了比例分布，也经常出现区域内扎堆现象。怎么解决这个问题？汪博士建议采用差额分布法。

采用差额分布法避免趋中结果

所谓差额分布法，即要求员工的绩效考核得分满足预先设定差额幅度来保证其分布的合理性，在实践中证明“差额分布法”比“比例分布法”更

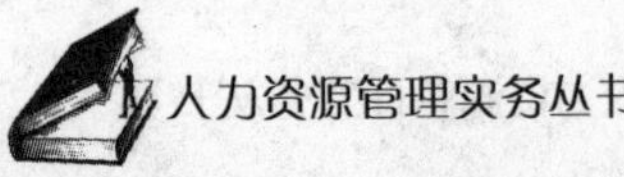

为容易操作，又可以避免出现考核得分“扎堆”现象。具体实施，可在公司绩效管理制度中作如下规定。

第一，各部门员工绩效考核得分要合理分布。合理分布是指：部门内员工最低考核得分不得高于65分（含65分）；部门内任何两个员工的考核得分差距不得少于4分（含4分）。

第二，对于员工人数少于4人（含4人，不包括部门经理）的部门，员工的绩效考核结果可以不遵循上条款中“部门内员工最低考核得分不得高于65分”的规定，但是必须要有相应的说明。

第三，公司副总裁在审核分管部门的基层员工考核得分时，如果发现有不公正现象或者考核结果分布不合理时，可以要求考核者进行重新考核，也可以直接对考核得分进行修正，以保证分管部门员工考核结果满足合理分布的要求，但是修正考核得分要遵循以下规定。

（1）加分。有事实表明被考核者的考核得分偏低，可以进行加分，但是加分幅度不得高于8分（含8分）。

（2）扣分。有事实表明被考核者的考核得分偏高，可以进行扣分，但是扣分幅度不得高于8分（含8分）。

（3）对考核得分进行修正时要与考核者进行沟通以达成共识。

（4）对考核得分进行修正时要附上相应的依据。

第四，各部门经理绩效考核得分要合理分布，合理分布是指：

（1）部门经理最低考核得分不得高于70分（含70分）。

（2）任何两个部门经理的考核得分差距不得少于3分（含3分）。

第五，公司总裁在审核中层管理人员（部门经理）考核得分时，如果发现有不公正现象或者考核结果分布不合理时，可以要求考核者进行重新考核，也可以直接对考核得分进行修正，以保证中层管理人员考核结果满足合理分布的要求，但是修正考核得分要遵循以下规定。

（1）加分。有事实表明被考核者的考核得分偏低，可以进行加分，但是加分幅度不得高于6分（含6分）。

（2）扣分。有事实表明被考核者的考核得分偏高，可以进行扣分，但是扣分幅度不得高于6分（含6分）。

（3）对考核得分进行修正时要与考核者进行沟通以达成共识。

（4）对考核得分进行修正时要附上相应的依据。

顾鸣鸣把汪博士的建议一一记下来，然后又和汪博士核对一遍，生怕漏掉什么。随后她将一直存在心里的对强制分布的疑问和汪博士进行了交流。

顾鸣鸣："听说有些企业对绩效考核结果实施强制分布后效果不好，导致较多的员工抱怨，甚至是核心人员的流失。我们公司刚刚采用强制分布，我很担心也会出现这些问题。"

汪博士："你的担心说明你对强制分布的思考非常细致。强制分布用得好能够显著提高部门经理绩效管理能力，激发员工工作干劲；反之用得不好则会放大不公平感，激化上下级矛盾。企业是否需要进行绩效管理的强制分布，取决于企业员工工作的可量化程度，以及企业内绩效管理的成熟程度。"

顾鸣鸣："为什么有些企业的强制分布会失败呢？强制分布的实施有什么限制条件吗？"

汪博士："应用强制分布失败的公司通常有在以下一些通病：一是没有使员工了解强制分布的真正意图，员工误以为是一种新的惩罚方式，导致产生抵触情绪；二是将强制分布当做万灵药，希望用它解决一切问题，反而因为缺乏配套措施而独木难支；三是时机不当，有些企业在市场急剧波动、员工情绪失衡时强行推动强制分布，导致员工丧失安全感，凝聚力分崩离析，大量核心人员流失；四是强制分布方案僵化，运用于所有员工，而不论其工作特点和性质，也没有根据企业组织结构和经营状况灵活调整，使得短期的公平变成了长期的不公平，员工的工作激情逐渐降低，强制分布失去效果。"

顾鸣鸣："沟通的重要性我们知道，我们公司在实施新的绩效管理方案前，先是召开大会宣讲新的绩效理念和它的积极作用，并用以前考核中出现的纠纷和投诉为典型事例说明变革的必要性，然后又组织各个分公司和部门展开讨论，经过这些步骤，现在员工对新的绩效制度的认可程度是很高的。不过我不明白，你上面讲到的第二点配套措施是指什么呢？"

汪博士："强制分布是为了克服绩效考核中出现的成绩'扎堆'现象而将考核结果强制性地划分为三六九等。这种划分是以相对公平的考核为前提的，没有相对公平的考核为前提，强制分布只能是乱分一气，因此强制分布必须和关键事件记录法等考核评分方法相配套，后者是成功实施强制分布的重要条件。强制分布主要用于解决企业考核中存在的'趋中效应''偏紧偏松现象'以及'老好人'现象，而对于另外一些不公平现象，例如'晕轮效应''偏见效应''近因效应'等，就需要运用'关键事件记录法'等方法了；同时，'关键事件记录法'又是强制分布方法实施的基础。"

顾鸣鸣："我们对公司的职能部门员工实行的是强制分布，而对于车间人员、销售人员这些工作成绩容易度量的人员就采用直接打分、直接定级的方法。"

汪博士："应该这样。对于可以定量考核的人员，由上级主管直接打分，作为绩效工资发放的系数，这样做既简单又实用。"

顾鸣鸣："如果企业正处于快速增长期，经营状况变化较大，那么正态分布的强制分布方法可能带来哪些问题呢？"

汪博士："你想啊，如果企业处于快速发展期，销售收入和利润增长幅度大，那就意味着企业内高绩效员工的数量是多于低绩效员工的数量的，这时候我们还规定'91 分～100 分'的员工与'60 分以下'员工的比例都是 5%，是否就不太公平了呢？"

顾鸣鸣："是啊，像我们企业这样在高速发展的情况下，表现优异的员工数量是明显多于表现低劣的员工的，所以高分员工的数量应该提高；同样地，如果以后企业经营出现暂时困难了，那么低分员工的数量也应该大幅增加。我们已在绩效管理制度中作了规定，针对部门工作任务完成情况的不同，强制分布的比例是有所变化的，只有这样才能在提供短期公平的基础上，能保证长期的公平性。"

汪博士："而且，这也体现了'压力传导'的原理，就是当部门或分公司的绩效情况不好时，其内部员工的绩效工资也会受到相应的影响，高工资员工的数量降低而低工资的员工会增加，从而促使员工与企业、与部门共担风险，促使员工更多地关心企业，更好地建立‘大公司一盘棋’的系统思考能力。”

顾鸣鸣：“听你这么一说，我感觉清楚多了。看来，我们公司目前采用‘压力传导法’更合适，如果以后部门的情况变复杂了，就需要将‘压力传导法’和‘差额分布法’结合使用了。你提供的解决方案实用性很强。看来我还要好好看看，多问自己几个‘为什么’，这样以后才能根据我们企业的情况灵活运用。”

第四节　绩效结果的有效应用

绩效考评工作已经结束一段时间了，顾鸣鸣还在思考着一个问题：怎么有效利用考评结果？目前天宇公司的做法，只是把绩效和年终奖进行了挂钩，其他就和绩效无关了。公司上下花费那么多的时间和精力做绩效管理，却没有充分应用绩效考评结果，对此顾鸣鸣总觉得有些欠缺，但她也提不出具体的建议。于是，找了一个周六的下午，顾鸣鸣约汪博士一起喝茶，向他请教这个问题。汪博士已经养成了培训师的职业习惯，聊天时也像讲课一样，有理有据，逻辑性很强。

末位淘汰法还能使用吗

末位淘汰法是企业进行绩效管理中对绩效评估结果的一种处理方法。企业根据设定的绩效考核指标体系，运用特定的考核方法对员工进行绩效评价，将员工考核成绩进行排序，确定排在最后面的一定比例的员工为绩效最差目标，为不能为企业继续任用的淘汰目标，并对其进行解除聘用关系的处理。

末位淘汰法具有积极作用和消极作用两面性。末位淘汰法的积极作用在

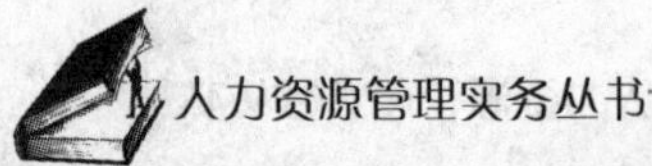

于：能够使企业从上至下聚焦于企业对各部门、部门内的员工所设定的工作目标，保证目标的实现。对于企业倡导的员工行为和工作态度方面，也有很好的聚焦作用，对企业文化的建立有很好的强化作用。同时也创造了一种内部竞争环境，以绩效为导向，保证了全员效率，杜绝大锅饭、混日子的低效率情况。

上述积极作用带给企业的收益是显著的，但末位淘汰法也存在很强的负面影响，如：员工有不安全感，从而导致焦虑、员工关系紧张、对企业不忠诚；追求短期效益而忽视了长期效益、关注局部而忽视全局等。

自从《劳动合同法》2008 年 1 月 1 日正式实施以来，关于末位淘汰法的问题，变得比较敏感。因为《劳动合同法》中企业解除合同的情形中没有包括“末位淘汰法”。也就是说，企业采用末位淘汰法来与员工解除劳动合同，是违法的。

那么具有一定积极作用的末位淘汰法，就真的不能使用了吗？

只要不触犯法律底线，企业还是可以采用末位淘汰法的。

国外大企业实行末位淘汰法时，并不随便将绩效考核末位的员工辞退，而是进行换岗或再培训，这主要是考虑到辞退员工将增加企业更多费用。如选择和聘用新员工的费用；为新员工适应本单位的工作，需要支付一定的培训费用；新员工尚未适应期间，对企业的工作会造成一定的损失；为了防止被辞退的员工心存不满，企业也需要支付一定费用。

考虑到末位淘汰法在绩效管理中的作用以及《劳动法》对劳动权的保护，末位淘汰法的实行需注意以下几点：

（1）企业制定末位淘汰法的规章制度，应当履行职工民主程序，即征求工会或职工代表的意见，或者交职工代表大会审议通过；

（2）建立一套科学和客观公正的绩效考核标准和程序；

（3）用薪酬管理的方式，通过薪酬体系设计配合末位淘汰法来激发员工主观能动性和竞争意识；

（4）对于绩效确实不佳的员工，如果是因为不适合所在工作岗位，可以采取调整工作岗位或进行培训，经调整工作岗位或培训，仍不能胜任工作的，用人单位可以依据《劳动法》第二十六条的规定，提前 30 天以书面形式通知劳动者解除劳动合同，并支付相应的经济补偿金。

(5) 在劳动者符合《劳动法》第二十九条禁止解除劳动合同的法定情形时，用人单位不得以末位淘汰为理由，解除劳动合同。

绩效考评结果如何与薪资分配挂钩

企业聘请员工工作，按照一定的周期付给员工薪酬，其目的就是获得绩效，最后形成企业的利润，所以薪酬与员工绩效之间是存在着密切的关联的。而对员工来讲，薪酬是他们从企业获得相对满足的过程，据权威机构近20年的研究资料显示：在所有工作分类中，员工一直都将收益视为最重要的工作指标，薪酬的变化直接关系到员工的切身利益。因此，薪酬的调整长期以来都被认为是激励员工，提高绩效的最有效手段，薪酬的调整和分配也可以说是绩效评估最敏感和最常见的用途了。

现在，大多数企业都认识到绩效管理与薪酬的结合是目前的激励模式中比较行之有效的一种方法，他们比以往任何时候都重视绩效管理，以及和绩效管理密切联系的薪酬激励问题。甚至在许多企业中实行绩效评估的目的就是为了在期末作为分配奖金和工资晋升的依据。

但是，有数据分析，国内只有不到10%的企业，在全公司范围内采取了变动薪酬——在公司中引进绩效工资，也就是说，尽管大多数企业认识到了绩效与薪酬密切相关的重要性，却经常会因为绩效薪酬在工资中应占多大的比重、对不同类型的员工应采取什么样的薪酬模式等问题，对绩效薪酬敬而远之，使得薪酬对员工的激励作用大打折扣。

我们发现在企业中常常存在这样一个矛盾：企业许多员工往往会认为，必须额外增加一笔工资额，再将这笔工资额与薪酬完全挂钩，即绩效很差时一分也得不到，但也不会损害原有薪酬水平；而企业的老板却认为，应当在现有工资中拿出一部分来与绩效挂钩，当绩效目标达成时才能取得这部分工资，当业绩相当不错时这部分工资会更多。

对此，怎样的做法才是合理的呢？根据经济学的基本原理，合适的做法

是，可以让员工原有的固定工资中有一部分与绩效挂钩，但是如果员工达到企业要求的绩效水平，所得到的固定工资和浮动工资总额应当略高于原有的固定工资水平，但是绩效较好者所得到的新工资总额则应当比原有的固定工资有较大幅度的提升，而绩效差者，则必须有较大幅度的工资下降。一句话，如果让员工承担一定的风险，那么必须对员工承担风险提供一定程度的补偿。这种补偿就是胜任工作者可能得到略高的工资收入，由于员工更加努力，那么，老板即使需要略微增加一部分工资，也是有利的，因为员工会给老板带来更多的利润。

根据赫兹伯格的双因素理论，为了增强薪酬的激励作用，在员工的薪酬体系中，一部分薪酬是固定的，以保障员工的生活需求，一部分薪酬与绩效挂钩，随绩效评估结果浮动。根据工作性质的不同，固定和浮动薪酬的比例也不同。例如，销售人员的薪酬中，很大一部分是由销售业绩决定的，主要是为了促使销售人员取得更好的销售业绩。而对于一些行政人员，薪酬体系中由绩效所定的部分相对就会比较小，与行政人员相对稳定的工作任务相适应。

其实，这也就指出了一个绩效与薪酬的关联度问题。企业都明白薪酬与员工绩效之间存在着密切的关联。那么，这二者之间的关联程度应如何把握？是完全按照绩效付薪，还是按照一部分绩效付薪？若以部分绩效付薪，应按照多大的比例来付薪呢？这些细节都是企业需要考虑的问题。企业需要在绩效与薪酬之间寻找一个合适的关联度，这个度把握好了，能保证员工稳定的心态和他们的基本生活收入，同时也能保持员工一定的斗志和士气，但如果没有解决好，便容易打击员工工作的热忱与积极性，并引发许多管理上的负面问题。

因此，这其中涉及的是一个绩效薪酬如何设计才是公平、公正、合理的问题。应如何才能将绩效与薪酬更紧密地结合呢？

薪酬设计的基本原则是“三公”——外部市场公平、内部岗位间公平和人与岗位的对应公平，我们应在体现“三公”的原则下，更好地将企业的绩效评估运用在企业付酬这个问题上，其实质就是处理薪酬内部的结构问题。这里介绍几种处理方法，当然这些方法也应根据企业的具体情况具体分析，每种方法各有优缺点，企业在运用时也应引起注意。

◉ 方法1 只为绩效付酬——薪酬和能力没有关系

这种处理方式也就是我们常说的“绩效薪酬”模式，基于岗位的绩效占了岗位薪酬的绝大部分。能力的高低以及发展与薪酬是固定的还是可变的没有任何关系。其向员工传递明确的信息是：他们的薪酬是由绩效决定的，能力的提高能帮助员工改善自我，只有绩效的提高才能最终导致薪酬的提高。

这种薪酬模式的优点是：能力的评价不会与薪酬混淆；员工不会受到提高薪酬的影响而高估自己能力；上级与下级在就能力强弱进行沟通以提升能力时，不会存在薪酬的干扰。当然它也有缺点：薪酬不能促进员工能力的提高，高的能力不能受到激励，员工看不到能力提升带来的好处。

◉ 方法2 为能力和绩效同时付酬——能力、绩效和薪酬同时相关

能力与绩效和薪酬相关，即同时考虑能力和绩效对薪酬的影响，这就涉及我们以什么样的能力进行付酬的问题，是以能力提高为标准还是以能力水平来权衡？下面分两种情况来讨论。

薪酬同能力发展相关。在这种薪酬模式下，有部分薪酬与员工绩效考核期能力提高的程度进行挂钩，即通过提高可变薪酬来奖励员工能力的提高。其优点是：员工能力的提高直接受到奖励；员工会投入精力去提高能力。其缺点是：由于与薪酬关联，可能影响能力评价；员工可能高估自己的能力；可能会造成对评分结果的争端。

薪酬同能力水平相关。在这种薪酬模式下，能力水平同薪酬直接挂钩，即作为薪酬的一个固定部分，而可变部分直接与绩效挂钩。这样，能力水平越高其薪酬就越高。其优点是：员工能力水平提高则薪酬得到提高；薪酬制度支持能力水平价值；员工努力提高能力能带来业绩的提高。其缺点是：由于与薪酬相关，可能影响能力水平评价过程；员工可能高估自己能力而不利于能力改进；可能造成能力和绩效的异位；可能引起能力评价结果的争端。

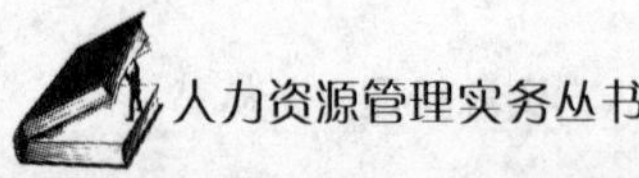

◉ 方法3 为能力付酬——薪酬和能力完全相关

这种处理方式就是我们常常说的“能力薪酬”模式，基于岗位的能力占了岗位薪酬总额的绝大部分。能力的高低和进一步的提升与薪酬是紧密结合在一起的，其设计的假设基础是高的能力一定取得高的绩效。其向员工传递的信息是——提高能力会取得高绩效，能力提高其薪酬就跟着提高。

这种薪酬模式的优点是：增强了员工提高能力的意愿；如果员工能力得到提高会受到激励；薪酬支持和强调能力的价值。

其缺点是：可能导致忽视绩效；由于能力和薪酬完全相关，可能导致员工对自己能力的高估；如何使能力与绩效关联；建立一套科学能力评价模式的难度。

总之，这些方法各有优缺点，不论企业如何处理为员工能力付酬的问题，都必须以自身的价值观念、战略发展、面临的环境等方面来决定选择哪一种方法；都必须考虑是否有利于支持企业的经营发展、使员工取得成就和工作满意度。

当然，与绩效相挂钩的薪酬不同于我们一般付给员工的工资的概念。由于绩效管理是一种对员工能够起到激励的重要手段，这种薪酬是根据工作的绩效高低而支付给员工的报酬，它是有一些特点的。我们在实施这样的薪酬给付制度的时候可引起重视，最大限度发挥其在员工身上的激励作用。

◉ 特点1 变化幅度大

与绩效相挂钩的薪酬变化幅度比较大，最低可以是零，最高可以达到标准绩效薪酬的2~3倍，甚至更多，在现实生活中有多种表现形式，比如计件工资、销售提成、项目奖金等。因此，在薪酬设计中可以灵活地运用这一特点，达到有效的激励目的。

◉ 特点2 支付时间灵活

与绩效相挂钩的薪酬的支付时间不同于固定工资，企业可以根据具体的需要灵活安排，常见的支付周期有月、季、半年和年，企业可以根据绩效考核的周期和员工激励周期来综合考虑。

◉ **特点3　刚性比较低**

与绩效相挂钩的薪酬不同于固定工资和福利保险等，它是刚性比较低的一种薪酬形式，在一定正常范围内变化不会引起员工太大的心理波动，而且这种合理的变化会给员工带来正面的激励效果，会使得那些做得好的员工要求自己下次做得更好，做得不好的员工则会要求自己下次争取比上次做得好。

◉ **特点4　激励作用在短时间内体现**

与绩效挂钩的薪酬具有正激励和负激励的作用，对那些做得好的员工来讲是正激励，对那些做得不好的员工来讲就是负激励，而且这种激励作用可以在很短的时间周期内体现出来，起到鞭策落后鼓励先进的作用，企业可以根据实际情况选择合理的激励周期。

绩效评估结果的其他应用

除了薪酬分配，绩效评估结果还应用于其他几个方面：人力资源规划、晋升选拔、招聘、培训、指导员工职业发展……

◉ **人力资源规划**

绩效评估结果是公司进行人力资源规划的基础信息。一个设计完善的绩效评估系统可以提供对企业的人力资源优劣势的分析，从而支持企业的人力资源规划的开展。具体来说，就是在考评并规划企业的人力资源时，我们必须要得到能体现所有员工，尤其是那些重要部门经理的工作表现和发展潜力的资料。绩效评估可以做到这一点。

◉ **晋升选拔**

企业在选拔人员时当然也会考虑到员工绩效评估的结果。绩效优秀的员

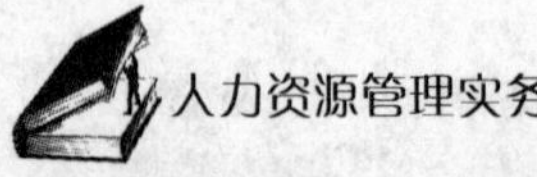

工意味着较高的工作效率、较高的工作质量、较强的工作能力，这样的人受到重用会为公司创造更多的效益，同时与绩效评估挂钩的公平合理的晋升制度，也鼓励员工的工作积极性。

但是绩效优秀仅表明该员工胜任现在的工作职位，并不能保证他能胜任将要被选拔上的职位，不同的职位要求的能力、知识和经验是不一样的。传统选拔制度下，仅以绩效评估结果作为晋升的依据。例如，车间的技术能手往往被提拔为小组长和车间主任，而实际上，一个好的技术人员可能正缺乏当部门经理必备的良好的沟通技巧。这样做导致企业损失了优秀的专业人员，而增加了一批平庸和不合格的部门经理。

所以，以绩效评估结果作为选拔依据的同时，能力的评估应成为选拔的辅助条件。而通过对员工在一定时期的连续的绩效分析，可以发现优秀人才，我们可以选择出连续绩效比较好和稳定的员工到更重要或更高的职位上工作。同时通过连续的考核记录，我们也能发现员工工作表现与其职位不相适应的问题。通过调整，我们可以真正做到人适其事，事得其人。

◉ 招　聘

在应聘时，每个应聘者都把自己尽量包装得非常精明能干，而招聘人员由于受到招聘时间和测评手段的限制，也很难全面了解应聘者的真实情况。招聘效果的好坏要通过新员工上岗后的绩效评估结果进行实际的检测。通过检测，还可以对招聘筛选的方法和检测手段进行改进，提高招聘的有效性。

另外，人力资源部门经理通过对企业内各岗位绩效优秀的员工的工作表现进行分析，可以总结出胜任该岗位的必要技能和特征。这些可以成为招聘新员工的标准或有益的参考。

◉ 培　训

作为企业的一种人力资本投资，人力资源开发和培训必须要有针对性，要针对员工的薄弱环节，使他们能够获得急需的知识和技能，才能使投资收益最大化。通过累积的考核结果的记录和对绩效评估结果的分析，我们可以发现员工群体或个体与组织要求的差距，也能发现针对于目前的岗位，员工所具有的优势和劣势，以及对绩效有不利影响的因素，对于知识和技能上的不足，我们也可以通过及时组织专业的培训活动来改善员工的知识和技能。人力资源部和各部门经理也能有的放矢地制订出有针对性的人力资源开发和培训方案，帮助员工发挥优点克服缺点，使员工能够重塑自我，增强团队精神和敬业素养，培养起良好的职业素养。

人力资源开发与培训主要通过提高员工的工作技能，来提高他们的工作绩效。因此，检测人力资源开发与培训的效果的最佳途径就是绩效评估结果。这也加强了对企业培训开发活动的管理，有助于提高培训开发活动的质量，让公司的人力资本投资取得最大收益。

◉ 指导员工的职业发展

通过对长期和连续的绩效考核结果的分析，部门经理也可以看出员工的真实潜能和职业倾向。当员工的职业生涯定位不准确时，部门经理应及时与员工进行沟通，以具体的事例和数据分析，指出员工的优缺点，并和员工一起对职业发展道路进行重新的规划与调整，引导员工调整自我，避免员工因为职业发展定位不明确而带来的各种负面影响。

讲到这里，汪博士突然意识到本来说好是来聊天却变成了自己的“脱口秀”，他连连对顾鸣鸣说抱歉。顾鸣鸣却听得正起劲，浑然不觉一个下午已经过去，随身带的笔记本又记满了好几十页。这个笔记本是年初参加培训时开始用的，一年来，里面除了培训时的听课笔记和与汪博士的交谈内容，还记录了大量的工作感想。合上沉甸甸的笔记本，顾鸣鸣发自肺腑地对汪博士表示感激。

这一年来，顾鸣鸣收获颇丰，不仅学到了很多新的理念和方法，并且在工作上活学活用，取得了很好的成绩。前两天，赵经理告诉她，公司领导对今年的绩效管理工作比较满意。

但顾鸣鸣知道，自己和公司都只是刚刚叩开了绩效管理的大门，未来还有很长的路需要去探索。不过，她有信心接受新的挑战……

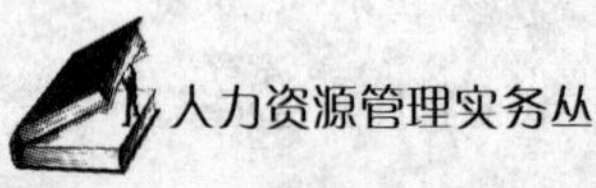

参 考 文 献

[1] 武欣. 绩效管理实务手册 [M]. 2 版. 北京: 机械工业出版社, 2005.

[2] 水藏玺, 唐晓斌, 冉斌. 绩效指标词典 [M]. 北京: 中国经济出版社, 2005.

[3] 饶征, 孙波. 以 KPI 为核心的绩效管理 [M]. 北京: 中国人民大学出版社, 2003.

[4] 乔恩·沃纳. 双面神绩效管理系统 [M]. 徐联舱, 译. 北京: 电子工业出版社, 2005.

[5] 华茂通咨询. 绩效管理与实施 [M]. 北京: 中国物资出版社, 2003.

附 录

附录一 指标分解矩阵表

指标分解矩阵表

维度	序号	公司指标名称	研发部	计划部	采购部	生产部	品质部	生产技术部	销售部	人力资源部	行政部	售后服务部	财务部
财务	1	净资产收益率											
	2	利润总额											
	3	销售收入							✓				
	4	成本费用预算达成率	✓	✓	✓	✓	✓	✓	✓	✓	✓	✓	✓
	5	新材料对成本降低的贡献	✓										
	6	工艺改善对成本降低的贡献						✓					
	7	设备改造对成本降低的贡献				✓							
	8	总资产周转率											✓
	9	应收账款周转率							✓				✓
	10	呆账比率							✓				✓
	11	坏账比率							✓				✓
	12	在制品周转率				✓							
	13	材料周转率		✓									
	14	产成品周转率			✓				✓				
	15	应付账款平均付款周期											✓
	16	原有市场利润总额							✓				
	17	新产品销售收入比重	✓										
	18	主要产品收入比重							✓				

（续表）

维度	序号	公司指标名称	研发部	计划部	采购部	生产部	品质部	生产技术部	销售部	人力资源部	行政部	售后服务部	财务部
顾客	19	市场占有率							✓				
	20	新客户增加数							✓				
	21	老客户保有率							✓				
	22	重要客户满意度											
	23	重要客户满意度（产品性能）	✓			✓		✓					
	24	重要客户满意度（产品质量）				✓	✓						
	25	重要客户满意度（交货时间）				✓							
	26	重要客户满意度（售后服务）										✓	
	27	在社区中的企业信誉级别									✓		
	28	公共关系活动的次数									✓		
	29	公共关系活动的质量评定级别									✓		
内部运营	30	新材料替代研发计划完成率	✓										
	31	产品工时定额普及率				✓		✓					
	32	产品市场调查及时完成率	✓						✓				
	33	产品市场调查报告质量合格率	✓						✓				
	34	新产品上市周期	✓										
	35	研发样品交验及时率	✓										
	36	研发样品交验/一次交验合格率	✓										
	37	中试样品交验及时率	✓										
	38	中试样品交验/一次交验合格率	✓										
	39	产品性能达标率	✓					✓					
	40	采购及时到货率			✓								
	41	来料合格率			✓								

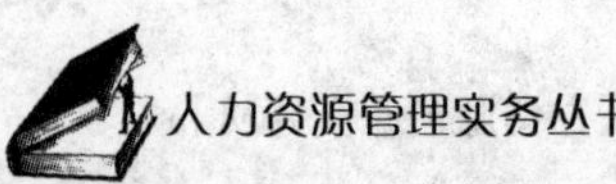

（续表）

维度	序号	公司指标名称	研发部	计划部	采购部	生产部	品质部	生产技术部	销售部	人力资源部	行政部	售后服务部	财务部
内部运营	42	订单需求满足率			✓								
	43	生产计划的及时性与质量			✓								
	44	生产计划完成率		✓		✓							
	45	产品交验/一次交验合格率				✓	✓						
	46	优良品率				✓							
	47	平均送货时间							✓				
	48	客户投诉平均反应速度							✓				
	49	客户投诉妥善处理率							✓				
	50	工艺改善计划完成率				✓		✓					
	51	设备改造计划完成率				✓							
	52	安全事故率				✓							
	53	书面的流程和制度所占的百分率（ISO 标准）	✓	✓	✓	✓	✓	✓	✓	✓	✓	✓	✓
	54	新的或改进的流程和制度得到实施的百分率	✓	✓	✓	✓	✓	✓	✓	✓	✓	✓	✓
	55	物业服务满意度									✓		
	56	安保消防责任事故次数									✓		
	57	内部医疗事故次数									✓		
	58	档案管理出错率									✓		
	59	档案更新延误率									✓		
	60	法律意见有效性										✓	
	61	内部网络建立的安全性									✓		
	62	新闻审核准确率									✓		
	63	公司内部文化宣传活动计划完成率								✓			

（续表）

维度	序号	公司指标名称	研发部	计划部	采购部	生产部	品质部	生产技术部	销售部	人力资源部	行政部	售后服务部	财务部
内部运营	64	任务按时完成率									√		
	65	信息技术服务满意度									√		
	66	信息技术资产完好率									√		
	67	信息技术服务及时提供率									√		
	68	诉讼事件妥善处理									√		
	69	工程质量合格率											
	70	工作目标按计划完成率									√		
	71	排忧解难次数								√	√		
	72	新闻稿件上稿率									√		
	73	跟踪报道完成率									√		
	74	离退休人员满意度								√			
	75	招聘空缺职位所需的平均天数								√			
学习发展	76	任职资格达标率	√	√	√	√	√	√	√	√	√	√	√
	77	培训计划的及时性与质量								√			
	78	培训合格比率								√			
	79	员工流失率								√			
	80	员工满意度											
	81	行政总务服务满意度									√		
	82	食堂服务满意度									√		
	83	人力资源服务满意度								√			
	84	意见和建议体系的实施完成率								√			
	85	员工代表会议的召开次数											
	86	员工意见的延误解决率								√	√		
	87	员工建议得到认可和激励的百分率									√		

附录二 员工绩效管理工作规范

员工绩效管理工作规范

1 绩效管理工作的目的

在公司战略目标、部门目标和员工目标一致性的前提下，通过目标分解、业绩评价、薪酬激励、学习发展等活动，激励员工持续改进，促进员工发展，实现员工目标与公司战略目标的同步达成。

2 本规范适用范围

适用于各部门职员岗正式员工的绩效管理，工人岗员工的绩效管理办法由部门另行规定。

3 绩效管理工作主要环节

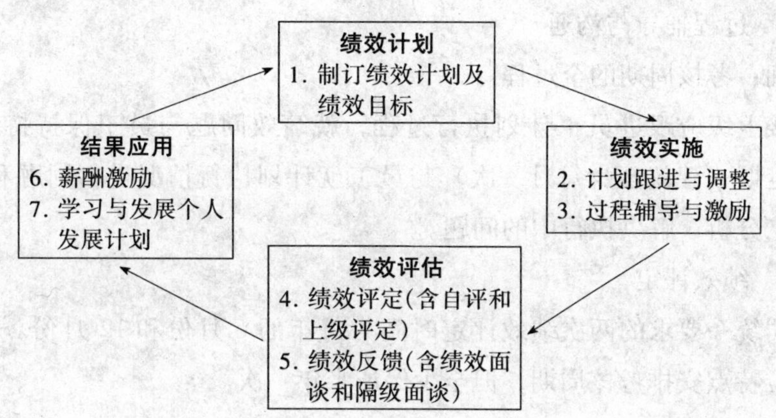

4 各环节的具体要求

4.1 制订绩效计划及绩效目标

建议时间：考核周期首月的第二周结束日前完成。

直接上级在公司战略目标、部门目标和员工工作目标“一致性”的前提下，根据员工具体岗位应负的责任或 KPI，将部门目标及实现目标的关键策略分解为每个岗位/员工的绩效目标。员工根据分解到本人的目标制订出具体的工作计划，并与直接上级沟通一致，作为评判绩效的依据。

注：工作目标的考核权重应反映工作对公司战略目标、实现部门目标/策略的重要性。员工将根据考核权重分配其工作投入。员工工作目标及考核权重的确定过程中，应该兼顾矩阵管理、公司级项目等工作，与相关部门、项目组共同确定合理的工作目标及考核权重。

4.2 计划跟进与调整

时间：考核周期的全过程。

在计划执行过程中，如出现重大计划调整，员工与直接上级应及时确认计划的更改，并重新填写《工作业绩计划/考核表》。重大调整是指以下情况：

权重大于20%的工作任务取消或新增。

现有任务权重变化（增减）超过20%。

4.3 过程辅导与沟通

时间：考核周期的全过程。

直接上级应跟进员工计划执行过程，就绩效问题与员工保持持续的沟通，并定期（建议至少每月一次）与员工就计划执行情况进行回顾和沟通，帮助员工分析、解决执行中的问题。

4.4 绩效评定

公司统一要求的两次绩效评定时间为每年的6月份和12月份。部门可根据岗位特点安排考核周期，但至少保证半年一次。

4.4.1 员工自评

时间：考核周期末月结束前一周。

考核周期结束时，员工应对照《岗位说明书》和期初制订的《工作业绩计划/考核表》，从工作业绩和核心胜任能力两个方面进行述职和自我评价，填写《工作绩效计划/考核表》中的相关内容，并提交给直接上级。

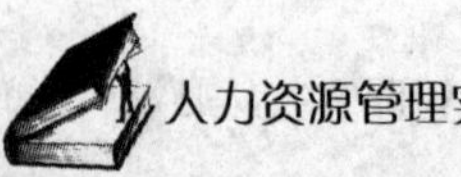

4.4.2 评定

4.4.2.1 对处级管理者及以下员工的评定以两级上级评价为主

时间：下个考核周期首月第一周结束日前。

部门可考虑采用公开述职的方式。

直接上级应按照员工的《岗位说明书》《工作业绩计划/考核表》的要求，参考员工自评和参与评价者（员工参与项目的领导、合作伙伴、客户等）的意见，对员工本考核期的工作业绩和核心胜任能力进行评价。

直接上级与隔级上级确认员工的绩效考核结果。

部门总经理最终校正、汇总、确认员工绩效考核结果，并及时反馈给员工的直接上级。如需要更改员工考核结果，须与员工直接上级进行协商。

4.4.2.2 对部级以上管理者的评定以公开述职和两级上级评价相结合

部级管理者（含高级经理、总监、总经理）每年进行一次公开述职/述能，重点对管理能力和业务能力（为公司核心竞争力形成作贡献）进行评定。

部级管理者的业绩评定以年或半年为周期（由主管副总根据业务、岗位特点确定评定周期），年度评定在12月份进行，采用两级上级评价方式。

高级经理/总监的公开述职由各系统/业务群/部门组织，总经理以上干部由人力资源部组织。

4.4.3 考核排序

4.4.3.1 处级管理者及以下员工考核排序要求

（1）考核分组。部门内参加考核排序的处级管理者人数多于5人时，处级管理者、职员岗位单独分组排序。

（2）排序方案。公司统一采用相对强制比例分布法对员工进行区分，具体比例如下（部门可根据需要，进一步细化“符合要求”的等级）。

等级	优秀	符合要求	尚待改进
比例	20%	70%	10%

处级管理者小于10人时，可在2:7:1比例基础上灵活掌握（如无前可无后，有前必有后，少后必少前）。

4.4.3.2　部级管理者考核排序要求

（1）考核分组。总监/高级经理/副总在主管副总管理范围内的同级干部内进行排序。

总经理在公司级别的总经理范围内进行排序。

（2）排序方案。业绩评估的排序比例必须与处级管理者及以下员工相同，即按照2:7:1的原则。管理能力和业务能力评估的排序比例可在2:7:1比例基础上灵活掌握（如无前可无后，有前必有后，少后必少前）。

4.4.3.3　几类特殊人员考核排序规定

处于试用期的新员工：不参与绩效考核。

新转正员工：转正满2个月及以上的人员应参加绩效考核与排序，转正不满2个月的人员不参与绩效考核与排序；新员工转正时间以人力资源部审批时间为准。

调岗员工：员工的考核结果应综合考虑调出和调入部门的意见，并在考核期内工作时间超过一半的部门参加排序，参加排序部门的直接上级负责与员工进行绩效面谈，调入部门直接上级对员工在新考核周期内的绩效计划和能力发展负责。

休假人员：考核期内休假不到一半时间的人员，需要参加绩效考核与排序；休假超过一半时间的人员，参加绩效考核，但不参加排序。

考核期内离职人员：可根据工作需要进行提前考核，不参加排序。

4.5　绩效反馈

4.5.1　直接上级绩效面谈

4.5.1.1　部门作出最终绩效评定结果后，直接上级应与员工进行绩效面谈（下个考核周期首月第三周结束前），以肯定成绩，指出不足，提出改进意见和建议，帮助员工制定改进措施，与员工确认本考核期的评定结果和下半年《工作业绩计划/考核表》。

4.5.1.2　对于半年进行一次考核的员工，除了考核周期结束后的两次

绩效面谈外，直接上级在考核期之中（可以季度为单位）还需与员工进行至少两次的绩效面谈；对于绩效考核成绩为“尚待改进”的员工，双方可通过制订绩效改进计划来提高绩效表现。

4.5.1.3 直线上级需填写每一次《绩效面谈记录》，并及时汇总到部门考核负责人处。

4.5.1.4 对于已完成专业序列能力评估的员工，上级在年度或最近的一次绩效面谈反馈中必须结合能力评估结果进行反馈。

4.5.2 隔级上级绩效面谈

4.5.2.1 每次绩效评定后，隔级上级应保证与处于“优秀”和排序后10%的员工进行隔级面谈。

4.5.2.2 一年中，各级经理应与每位隔级下属至少进行一次正式的绩效面谈，且面谈时间不得少于40分钟。

备注：绩效反馈后，部门总经理审核绩效面谈结果并再次确认绩效评定结果，提交人力资源部。人力资源部审核各部门绩效考核成绩，并将审核结果反馈给各部门。

4.6 薪酬激励应用

4.6.1 奖金应用

对于部级以上管理者，业绩考核结果与季度及年终奖金相关（如未做半年业绩考核，则季度奖金Q值为1）。对于处级管理者及以下员工，两次考核结果与季度及年终奖金相关。

对于各等级对应的Q值，部级管理者见下表：处级管理者及以下员工由各系统/业务群/部门根据具体业务状况和特点确定相对应的Q值，但必须保持均值为1。

等级 Q值	优秀	符合要求	尚待改进
部级管理者	1.2	1	0.6

转正不满2个月的新转正员工，不参加考核排序，其Q值奖金系数根据转正考核时的结果确定。即考核结果为A-、B+、B、B-，Q值分别为1.1、1.03、1、0.97。

休假超过一半时间的人员，不参加考核排序，Q值奖金系数为1。

4.6.2　其他应用

绩效考核的结果还将作为工薪调整、评选先进、职务升降、岗位调整、辞退的重要依据。

4.7　学习与发展应用

4.7.1　员工根据年度绩效评定与反馈结果，结合自身下一步职业发展目标，在年度考核后或新财年开始后填写《个人发展计划》，并主动与上级沟通达成一致。

4.7.2　上级要辅导员工制订个人发展计划，并在和员工的绩效面谈中进行发展计划执行的跟进记录，作为员工年度总体评定的参考依据。上级在辅导员工制订发展计划时，需要与员工至少讨论沟通以下5个问题：①员工一年来的业绩、能力回顾；②下一年（或能力发展计划期间内）主要目标；③员工的能力素质和未来目标比较；④员工如何看待自己的发展问题，可能的下一步；⑤实现下一步的计划措施。

4.7.3　员工本人应对发展计划的落实和结果负责。部门汇总员工个人发展计划中的培训需求，作为制定部门培训规划和具体计划的依据，为员工发展提供相应的资源保障。

5　相关问题的规定

5.1　绩效考核方案的个性化处理

系统/业务群/部门考核负责人应根据自身业务情况提出个性化的考核方案（包括考核周期、考核内容、考核排序等），经集团人力资源部审批后执行。部门应在个性化方案审批后将部门方案沟通到每一位员工。

5.2　绩效考核的提前处理

5.2.1　在半年计划执行过程中，如果出现以下情况，需提前进行绩效考核：

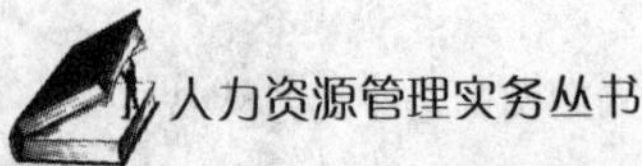

员工调至不同部门或不同岗位时需根据计划进度要求达成的目标对员工前一阶段的工作绩效评价。此评价作为该员工在新岗位上绩效考核的参考依据。

员工长期休假至考核期末或跨越两个考核期时，需要在休假前提前进行绩效考核。

员工在考核期中间离职时，其提前考核的结果，可作为继任岗位员工绩效目标计划制订和评估的参考。

当有考核权的经理（含）以上人员发生部门调动、岗位变更和调离时，必须协助接任人员完成对其在岗期间所管理员工的考核，并作为工作交接的一部分。

5.2.2 提前考核必须在发生上述情况的5个工作日内完成，其成绩和《工作绩效计划/考核表》等一整套绩效记录应在部门存档备查。

5.3 考核申诉

员工如果对本期绩效管理工作（过程或结果）有重大疑义，可以在接到正式通知的15日之内，向部门总经理或人力资源部提出申诉。部门总经理授权的部门人力资源工作者或人力资源部绩效管理岗，即申诉处理人必须及时了解事情的经过和原因，对申诉所涉及的事实进行认定，将事实认定结果和申诉处理意见反馈给申诉双方当事人，并监督落实。考核申诉处理人根据具体情况填写《绩效考核申诉处理表》。

5.4 绩效记录

5.4.1 员工、直接上级和部门人力资源工作者应保留相应的绩效记录（包括书面文档和电子版材料）。部门人力资源工作者应在绩效管理的全过程建立并保存相关绩效记录，包括《工作绩效计划/考核表》《个人发展计划》《绩效考核申诉处理表》《绩效面谈记录表》等。

5.4.2 为保证绩效记录的有效性，绩效记录原则上不允许涂改，若需要修改或重新记录，需由当事人签字确认。

5.4.3 各级人员如因工作需要进行记录/档案的调阅/查阅，须经员工所属部门总经理或主管副总经理的批准方可进行。

5.4.4 绩效记录的保存期限为三年。对于超过保存时限的文件和记录文档，由部门人力资源工作者统一销毁；绩效记录的电子版材料应定期（每年至少一次）在部门内备份。

5.4.5 人力资源部将不定期检查各部门绩效管理过程执行和绩效记录管理情况，原则上一年至少一次。同时，人力资源部还将通过调查问卷等形式重点检查绩效面谈执行情况，一年至少两次。以上检查结果将在公司适当的范围内进行通报。

6 监督岗位

本规范由公司人力资源部绩效管理岗监督执行。

7 生效日期

本规范自颁布之日起生效，有效期至下一次修订规范发布之日止。原《公司员工绩效管理工作规范》同时废止。

8 解释权限

本规范解释权归公司人力资源部。

附录三 员工绩效考核手册

员工绩效考核手册

（ 年度）

姓名：____________________

部门：____________________

岗位：____________________

员工编号：________________

填表说明

1 本手册由人力资源部发给，由封皮、填表说明、岗位职责权限描述、年度工作计划书、季度工作计划与完成情况、考核评价表、周工作回顾小结、填表抽查记录组成。

1.1 封面是员工情况和员工编号，由人力资源部填写。

1.2 岗位职责权限描述由员工在部门经理指导下，本人于年初 ____月____日前填写完成。

1.3 年度工作计划书，由员工本人在年初____月____日前填写完成。

1.4 季度工作计划与完成情况表，季初计划部分由员工本人在本季初时填写，季末完成情况部分由员工本人在本季末时填写。

1.5 考核评价表由员工直接主管在次月初 3 日前与员工沟通时填写。

1.6 周工作回顾小结，由员工本人在一周末时，通过自我回顾并根据季度工作计划填写。

1.7 尾页是填表抽表记录，由人力资源部填写。

2 必须用黑色或蓝黑色钢笔填写。

3 制订计划的要求：确定的工作目标应该是具体的、可衡量的（能量化的一定要量化）、可达到的、与自己职责相关的、有时间限制的，以便能够结合自己的优势、劣势、成功的机会和进程的威胁制定实施的策略。

4 计划制订好后，递交自己的主管审阅后双方签字确认。直接主管有指导下属制订计划的责任。

5 绩效考核成绩经员工确认后，于季末次月 3 日前，以部门为单位集中送人力资源部。

6 人力资源部定期抽查各部门员工手册填写情况，凡填写不规范或不认真的，人力资源部要在填写表记录表上登记。

7 月度考核成绩评定标准：

A. 超越工作标准，有突出成绩；

B. 正确如期完成工作，有优良成绩；

C. 符合工作要求，能达到标准；

D. 工作中有缺点，应求改进；

E. 工作中多处不符合要求，缺点甚多。

A 等成绩的人数不得超过本考核单位员工人数的 20%。

岗位职责权限描述

<table>
<tr><td>姓名</td><td></td><td>部门</td><td></td><td>岗位</td><td></td></tr>
<tr><td>岗位职责</td><td colspan="5"></td></tr>
<tr><td>岗位权限</td><td colspan="5"></td></tr>
<tr><td>岗位关系</td><td>直接
上级</td><td></td><td>相关联
岗位</td><td colspan="2"></td></tr>
<tr><td>直接主管确认</td><td colspan="5">签字：
月 日</td></tr>
</table>

____年度全年工作计划书

<table>
<tr><td rowspan="14">工作计划书</td><td>主要工作任务</td><td>权　重</td></tr>
<tr><td></td><td></td></tr>
<tr><td></td><td></td></tr>
<tr><td></td><td></td></tr>
<tr><td></td><td></td></tr>
<tr><td></td><td></td></tr>
<tr><td></td><td></td></tr>
<tr><td></td><td></td></tr>
<tr><td></td><td></td></tr>
<tr><td></td><td></td></tr>
<tr><td></td><td></td></tr>
<tr><td></td><td></td></tr>
<tr><td></td><td></td></tr>
<tr><td></td><td></td></tr>
<tr><td>直接主管意见</td><td colspan="2">签字：
月　　日</td></tr>
<tr><td>员工确认</td><td colspan="2">签字：
月　　日</td></tr>
</table>

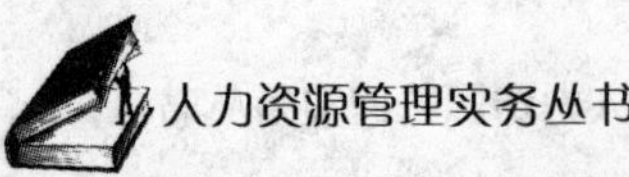

____季度工作计划与完成情况

序号	主要计划与内容	季初计划		季末完成情况		
		完成时间	量化达成效果	完成时间	完成质量与效果	未完成任务的原因

<table>
<tr><td>季初对关键事件完成情况的描述</td><td colspan="3"></td></tr>
<tr><td>季初主管对计划的建议和意见</td><td>直接主管签字：
月 日</td><td>季末主管对完成计划的确认</td><td>直接主管签字：
月 日</td></tr>
<tr><td>员工确认</td><td>员工签名：
月 日</td><td>员工确认</td><td>员工签名：
月 日</td></tr>
</table>

____考核评价

<table>
<tr><th colspan="2"></th><th></th><th>满分</th><th>得分</th><th></th><td rowspan="6">成绩评定标准：
A. 超越工作标准，有突出成绩（参考分数：90 分以上）
B. 正确如期完成工作，有优良成绩（参考分数：71～89 分）
C. 符合工作要求，能达到标准（参考分数：60～70 分）
D. 工作中有缺点，应求改进（参考分数：50～59 分）
E. 工作中多处不符合要求，缺点甚多（参考分数：49 分以下）</td></tr>
<tr><td rowspan="5">工作业绩</td><td>1. 部门计划与公司方针目标的结合程序</td><td>10</td><td rowspan="5">50</td><td></td><td rowspan="5"></td></tr>
<tr><td>2. 部门计划的量化程序</td><td>10</td><td></td></tr>
<tr><td>3. 部门计划完成程度（是否最大努力达成目标）</td><td>10</td><td></td></tr>
<tr><td>4. 部门计划完成时限性（是否严守时限达成目标）</td><td>10</td><td></td></tr>
<tr><td>5. 部门计划完成质量（是否省钱、早日、确实达成目标）</td><td>10</td><td></td></tr>
<tr><td rowspan="4">责任感</td><td>1. 公司意识（发言、提议、企划等站在公司角度）</td><td>5</td><td rowspan="4">20</td><td></td><td rowspan="4"></td><td rowspan="7">一票否决：
·凡缺勤在 5 天以上，一律按“C”等及以下成绩
·凡工作出现明显失误，给公司造成损失者，一律按“C”等及以下成绩
·出现违规违纪行为者，一律按“C”等及以下成绩
·出现旷工行为者，一律按“E”等成绩</td></tr>
<tr><td>2. 是否谨慎使用公款、不浪费</td><td>5</td><td></td></tr>
<tr><td>3. 在本部门的率先示范</td><td>5</td><td></td></tr>
<tr><td>4. 建立部门活泼、朝气的氛围</td><td>5</td><td></td></tr>
<tr><td rowspan="3">部属培育</td><td>1. 公平、冷静对待并有效指导部属</td><td>5</td><td rowspan="3">15</td><td></td><td rowspan="3"></td></tr>
<tr><td>2. 帮助、建议、发挥部属优点</td><td>5</td><td></td></tr>
<tr><td>3. 准确把握部属优、缺点</td><td>5</td><td></td></tr>
<tr><td rowspan="3">协调纪律</td><td>1. 与其他部门的协调配合</td><td>5</td><td rowspan="3">15</td><td></td><td rowspan="3"></td><td rowspan="3">评定 A 级或 C 等以下等级的理由：</td></tr>
<tr><td>2. 本部门参与公司活动</td><td>5</td><td></td></tr>
<tr><td>3. 本人遵守工作纪律</td><td>5</td><td></td></tr>
<tr><td colspan="2">总得分</td><td colspan="4"></td><td>直接主管签字：</td></tr>
<tr><td>沟通记录</td><td colspan="4">直接主管签字：
员工签字：
月　日</td><td colspan="2">备注：人力资源部对评定成绩审核调整为：
□A　□B　□C　□D　□E
人力资源部盖章：
月　日</td></tr>
</table>

____周工作回顾小结（部分）

	所从事的工作内容	主要成绩与不足
第一周		
第二周		
第三周		

____填表抽查记录

第一个月	
第二个月	
第三个月	
第四个月	
第五个月	
第六个月	
第七个月	
第八个月	
第九个月	
第十个月	
第十一个月	
第十二个月	

附录四　绩效契约书

绩效契约书

________经理：

出于以下的考虑：

一、确保完成集团下达给公司的各项考核目标；

二、推进经营管理工作的效率并谋求公司的可持续性健康发展；

三、贯彻实体绩效考核的四项基本原则——系统性、公平性、适应性和导向性原则；

四、维护甲乙双方权利与义务。

考核责任人代表××公司总经理（甲方）与被考核对象代表________经理（乙方）就以下条款达成共识：

1. 本年度实体绩效考核的应用时段为：

自____年____月____日 至____年____月____日。

2. 本年度实体绩效考核的 KPI 调整方式：

（1）由公司绩效管理部每月公布一次确认的 KPI。

（2）具体调整节奏如下表：

调整内容	调整节奏	调整期限	调整流程	调整范围
调整考核指标权重	每月	实施时段前 5 天内必须确定并下达	月度评估反馈流程	权重变动区间见指标详表
调整考核指标组合	每季度	实施时段前 10 天内必须确定并下达	季度评估反馈流程	组合变动范围见指标详表
调整考核指标体系	半年	实施时段前 10 天内必须确定并下达	半年评估反馈流程	体系调整见相关约定

3．实体绩效考核日常工作的执行部门：公司人力资源部

责任人________

4．本年度实体绩效考核在____________________实际应用的 KPI 组合见下表：

类别	属性	KPI 名称	基准目标	理想目标	权重调整区间	组合调整系数
职能实现类指标	运算类					
	统计类					
	评估类					
业务提升类指标	运算类					
	统计类					
	评估类					

（续表）

类别	属性	KPI 名称	基准目标	理想目标	权重调整区间	组合调整系数
团队建设类指标	运算类					
	统计类					
	评估类					
健康运作类指标	运算类					
	统计类					
	评估类					
客户满意类指标	运算类					
	统计类					
	评估类					

5. 本年度实体绩效考核结果的应用范围：

（1）用于核算________________员工薪酬实发总额；

（2）用于兑现________________第一责任人的年薪；

（3）用于扩大________________员工总的提薪（变更工作岗位的职级薪点）者额度，任免升迁（变更工作岗位的职等薪点）者额度；

（4）授予________________荣誉。

6. 与实体绩效考核相关的其他方面的约定。

被考核对象代表：	考核责任人代表：
部门负责人签字：	公司总经理签字：
日期：	日期：

附录五　员工年度晋级考核评估表

员工年度晋级考核评估表

姓　名		所属公司及部门	
现职级		拟晋升职级	

一、晋级条件

内　　容		是否符合条件
时　　间	从事现__________职级工作____年	□是　□否
考核情况（HR 部门提供）	该员工全年月度考核（项目节点考核）平均分为____分，其所在部门人均月度考核（项目节点考核）分为____分；该员工年度考核分为____分，其所在部门人均年度考核分为____分	□是　□否
培　　训	已完成拟晋升职级所需的培训，包括拟晋升职级的岗位职责、规范流程、业务知识，以及公司规定的相关培训等	□是　□否
奖惩记录（HR 部门提供）	评估年度内未受公司书面警告及以上处分	□是　□否

二、晋级考核评估

<table>
<tr><th colspan="2">考核内容及达标标准</th><th>是否考核</th><th>考核评分</th><th>合计分</th><th>平均分</th><th>比重</th><th>小计</th></tr>
<tr><td rowspan="5">现有岗位专业技术能力</td><td>________能力</td><td>□是 □否</td><td></td><td rowspan="5"></td><td rowspan="5"></td><td rowspan="5">____%</td><td rowspan="5"></td></tr>
<tr><td>________能力</td><td>□是 □否</td><td></td></tr>
<tr><td>________能力</td><td>□是 □否</td><td></td></tr>
<tr><td>________能力</td><td>□是 □否</td><td></td></tr>
<tr><td>________能力</td><td>□是 □否</td><td></td></tr>
<tr><td rowspan="6">拟晋升职级能力</td><td>执行能力——在规定时间内保质保量地完成上级安排的工作，无推诿、消极应付、拖延等情况</td><td>□是 □否</td><td></td><td rowspan="6"></td><td rowspan="6"></td><td rowspan="6">____%</td><td rowspan="6"></td></tr>
<tr><td>协作能力——与同事和协作部门保持良好的合作关系，以实际行动积极参与和支持团队工作</td><td>□是 □否</td><td></td></tr>
<tr><td>计划能力——合理制订工作计划、正确选择工作方法、按轻重缓急安排各项工作</td><td>□是 □否</td><td></td></tr>
<tr><td>沟通协调能力——以工作目的为导向，进行主动和有效地沟通，并灵活、合理地协调各种资源，实现工作目标</td><td>□是 □否</td><td></td></tr>
<tr><td>教练辅导能力——把知识和技能传授给他人，在具体业务上指导他人，促进他人学习和成长</td><td>□是 □否</td><td></td></tr>
<tr><td>创新能力——不断提出有价值的新思想、新方案，并利用这些新思想、新方案提高工作效果</td><td>□是 □否</td><td></td></tr>
<tr><td colspan="7">合　计</td><td></td></tr>
</table>

三、晋级审核意见

<table>
<tr><td>直接主管评估</td><td>主要工作业绩：

直接主管：
年 月 日</td></tr>
<tr><td>间接主管意见</td><td>
间接主管：
年 月 日</td></tr>
<tr><td>人力资源部意见</td><td>经部门考察，该员工 □符合 □不符合 年度晋级的诸项条件。
符合晋级：建议由原＿＿＿＿晋级为＿＿＿＿。
不符合晋级的理由：

部门总经理：
年 月 日</td></tr>
<tr><td rowspan="2">总经理及董事长批示</td><td>
总经理：
年 月 日</td></tr>
<tr><td>
董事长：
年 月 日</td></tr>
</table>

附录六　员工职务晋升申请表

员工职务晋升申请表

<table>
<tr><td>姓　名</td><td></td><td>所属公司及部门</td><td></td></tr>
<tr><td>原职务</td><td></td><td>拟晋升职务</td><td></td></tr>
<tr><td colspan="4">员工工作业绩评估：
申报人（直接主管）：
年　月　日</td></tr>
<tr><td>间接主管评估并提出晋升意见</td><td colspan="3">间接主管：
年　月　日</td></tr>
<tr><td>行政及人力资源部意见</td><td colspan="3">经部门考察，员工＿＿＿＿＿符合职务晋升的诸项条件。鉴此，我部提出予以晋升的意见，即由原＿＿＿＿＿晋升为＿＿＿＿＿；工资由原＿＿＿级＿＿＿档，调整为＿＿＿级＿＿＿档，晋升日从＿＿年＿＿月＿＿日始。
另注：
部门总经理：
年　月　日</td></tr>
<tr><td rowspan="2">总经理及董事长批示</td><td colspan="3">总经理：
年　月　日</td></tr>
<tr><td colspan="3">董事长：
年　月　日</td></tr>
</table>

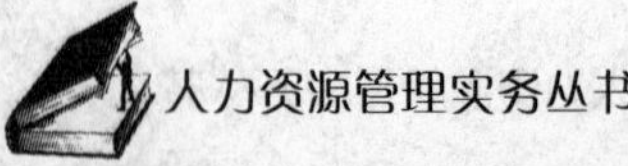

附录七　年度调薪申请表

年度调薪申请表

姓　名		所属公司及部门	
岗　位		入职时间	____年____月____日

请在符合条件的选项中打“√”，不符合条件的选项中打“×”：

□该员工年度考核结果排名本部门前60%

□该员工被评为上年度优秀员工/经理人

□该员工获得本年度晋级

该员工合计加薪额度为______元。

备注：

申报人（部门总监及以上主管）：

年　　月　　日

人力资源部复核	经复核，该员工符合调薪条件。结合公司薪酬级档，核定其工资由原____级____档______元，调整为____级____档______元（其中档外工资______元），调薪之日从____年____月____日始。 部门总经理： 年　　月　　日
总经理及董事长批示	总经理： 年　　月　　日
	董事长： 年　　月　　日
备注